S.O.S. amor

PARA APAIXONADAS*

(*ou desesperadas)

S.O.S. amor

PARA APAIXONADAS*

(*ou desesperadas)

POR

Flavia Pavanelli

GUTENBERG

EDITORA
Silvia Tocci Masini

EDITORAS ASSISTENTES
Carol Christo
Nilce Xavier

ASSISTENTE EDITORIAL
Andresa Vidal Vilchenski

EDIÇÃO GERAL
Jim Anotsu

PREPARAÇÃO
Silvia Tocci Masini

REVISÃO
Carla Neves
Renata Silveira

FOTOGRAFIAS DE CAPA E MIOLO
Neto Fernandez

CAPA
Diogo Droschi

PROJETO GRÁFICO
E DIAGRAMAÇÃO
Ana Dobón

Dados Internacionais de Catalogação na Publicação (CIP)
Câmara Brasileira do Livro, SP, Brasil

Pavanelli, Flavia

S:O.S. amor: para apaixonadas (ou desesperadas) / por Flavia Pavanelli. – 1. ed. – Belo Horizonte : Editora Gutenberg, 2016.

ISBN 978-85-8235-413-1

1. Internet. 2. Literatura juvenil 3. Narrativas pessoais 4. YouTube (Recurso eletrônico) 5. Relacionamentos I. Título.

16-08758 CDD-028.5

Índices para catálogo sistemático:
1. Relações afetivas : Literatura juvenil 028.5

A **GUTENBERG** É UMA EDITORA DO **GRUPO AUTÊNTICA**

São Paulo
Av. Paulista, 2.073, Conjunto Nacional,
Horsa I, 23° andar, Conj. 2301
Cerqueira César . 01311-940
São Paulo . SP
Tel.: (55 11) 3034 4468

Belo Horizonte
Rua Carlos Turner, 420
Silveira . 31140-520
Belo Horizonte . MG
Tel.: (55 31) 3465 4500

Rio de Janeiro
Rua Debret, 23, sala 401
Centro . 20030-080
Rio de Janeiro . RJ
Tel.: (55 21) 3179 1975

www.editoragutenberg.com.br

Agradecimentos

Primeiramente, gostaria de agradecer a Deus. Sem Ele, eu não teria essa família mais que incrível, que me deu toda a base e estrutura para passar tanta coisa linda para vocês! Papai do céu colocou tantas pessoas maravilhosas no meu caminho, que eu poderia escrever outro livro só de agradecimentos...

Obrigada também a VOCÊ, que me acompanha, me ensina, está comigo em todos os momentos... você, FÃ! Recebo sempre a força de cada uma de vocês, e preparo tudo com muito amor e carinho para retribuir todo o amor que recebo.

Obrigada à Equipe da Rede Snack, em especial à Raissa, que me ensina e me ensinou muito, inclusive muitas coisas que escrevi aqui para vocês.

E, é claro, à minha querida Editora Gutenberg e a todos os envolvidos, em especial à querida Silvia e ao Jim, que me ajudaram muito a organizar minhas ideias no papel e a escrever cada página deste livro com todo cuidado e carinho.

Espero que curtam muito e que cada página ensine vocês a se relacionarem cada vez melhor e, mais do que isso, a confiarem em vocês, em primeiro lugar.

Eu sei que o mundo de hoje está cruel, mas saibam que sempre vou estar com vocês, dando todo o apoio 😍!

PAI, MÃE, MARIA, FAMÍLIA, AMIGOS: AMO VOCÊS!

(E pra não perder o costume...) UM BEEEEEIJOOO!

Sumário

RÁ!!! MINHA VEZ!

HOJE

Sua vez de quê, Flavia? Hoje é dia de vídeo? Sua vez de lançar sua biografia? Por que está lançando um livro?
10:59

Paaaaaraa! Era nesse ponto que eu queria chegar!
11:00

Bom, antes de mais nada, me desculpem por esse começo de livro louco e bagunçado, é que sou um pouco (quero dizer, muito) assim mesmo. Mas vamos lá, respondendo às perguntas anteriores:

1 Minha vez de ter o *meu* livro (que eu estava tão ansiosa e feliz para lançar, que mal cabia em mim!!!)

2 *Não sei que dia é hoje* e nem sei que dia meus leitores estão lendo, portanto: *não sei,* hater chato!

3 Porque ainda que eu tenha 18 anos, ou melhor, só 18 anos, não queria simplesmente escrever sobre a minha vida – embora eu ache que até daria para encher umas mil páginas se

fosse contar tudo pelo que já passei (desde o que eu aprontava quando era criança, como estourar o dedão do pé jogando bola, até tudo o que acontece na minha vida na frente e atrás da câmera). Então, escolhi um assunto mais *polêêêmicooo* que é RELACIONAMENTO!

4 E, por fim, este livro também serve para conversarmos de amiga para amiga, só nós duas. De um jeito informal e único, de um jeito que vocês jamais imaginariam! Agora pronto, perguntas respondidas, posso começar? 😛 Kkkkk.

O porquê do assunto "relacionamento" (*indo mais fundo*)

Se tem um assunto que gera polêmica na minha vida e sobre o qual muitas de vocês perguntam é relacionamento! Grande parte das mensagens que recebo pelas redes sociais, e até mesmo os temas mais falados dos "encontrinhos" com os fãs são pedidos de dicas sempre bem parecidos: como lidar com um fora do boy amado, como superar o término de um relacionamento (até mesmo daqueles de 19 dias), o que fazer quando o crush não dá bola, como sair da friendzone...

Ah, só pra lembrar: crush é aquele carinha de que estamos a fim 😍 kkkkk...

E foi aí que achei um assunto de que sei falar com propriedade e que daria (ops, DEU ✌️) UM LIVRO, que é:

Relacionamento

Além de adorar falar sobre isso, achei que seria uma ótima oportunidade para ajudar e estar mais perto de quem pede a minha opinião. É legal também porque às vezes a gente se sente confusa e aí fica difícil formular perguntas exatas. De repente lendo vocês identifiquem seus problemas, ainda mais com alguns causos que vou contar aqui.

Eu sei que pode parecer estranho e muita gente deve estar se perguntando o que uma menina de 18 anos tem pra falar sobre isso. Mas eu *juro* que não é preciso ser nenhum especialista com mestrado e doutorado no assunto, e é aí que está o segredo da coisa: *nós não precisamos aprender na prática o que dá para ser tirado das experiências dos outros!* Eu mesma converso com todo mundo e tento sempre tirar o melhor de cada um, tentando enxergar o lado bom até nas coisas ruins que já aconteceram e que, no final, servem de aprendizado pra mim. Todas as pessoas têm algo para dividir – nem que seja algum exemplo para *não* ser seguido. Afinal, é muito mais fácil já saber que para o outro não deu certo e que já tem 50% de chance de a coisa ser negativa!

Este livro é para quem está em dúvida ou precisa de ajuda, tanto para quem está com aquele frio na barriga por não ter coragem de se declarar quanto para quem já está num relacionamento e se pergunta sobre o que está por vir. É para quem deseja se conhecer melhor, quem está confuso, ou até mesmo para quem precisa de uma forcinha na autoestima. Ou para você que já passou por tudo isso e só quer, como eu disse antes, saber um pouquinho da história dos outros para tirar para si um aprendizado!

Enfim... este livro é para VOCÊ ♥, então seja bem-vinda ao meu cantinho secreto (que agora não será mais tão secreto assim). Você vai ver que às vezes quem cria o problema ou alguma limitação somos nós mesmas! 😚

PARTE 1

Você em primeiro lugar!

Tem gente que chega e
muda os planos da gente
E que faz a nossa vida
caminhar pra frente.

"O NOSSO SANTO BATEU" – MATHEUS E KAUAN

SEJA VOCÊ MESMA, E SEJA QUEM VOCÊ QUISER!

Nossa vida vai muito além daquilo que as pessoas podem ver. Ter consciência disso e viver de acordo com o que acreditamos, sem nos importarmos com a opinião alheia, nos deixa mais confiantes, mais poderosas, mais donas de nós mesmas, e também mais preparadas para lidar com aquelas críticas quase insuportáveis que ouvimos por aí. Isso também abre um espaço enorme para o nosso autoconhecimento 😉.

Você precisa se conhecer!

Nem tudo na vida são elogios e louvores; pelo contrário... Muitas vezes, pessoas negativas tentam nos colocar pra baixo, fazendo nos sentirmos mal apenas por gostarmos de algo inusitado, ou por termos o cabelo diferente, por falarmos com um sotaque mais carregado ou até mesmo por não querermos ser igual a todo mundo. O que não falta neste mundo é gente querendo criticar os outros (e quem me acompanha sabe muito bem disso, né, haters?! 😒), seja nos assuntos importantes ou nos meros detalhes.

E o que fazer nessas horas? Será que devemos nos abalar pelo que estão dizendo de nós?

Se tem uma coisa que não vou fazer aqui é mentir, então já começo dizendo... *não é fácil* 😟. Ainda mais neste mundo em que vivemos hoje, com a internet, onde as pessoas se escondem atrás de um perfil – muitas vezes fictício –, e lidar com os haters e com as críticas pode ser bem doloroso no começo, como foi pra mim (no início de tudo eu não sabia lidar com isso 😢). O mais importante é nos mantermos firmes, sem nos deixar abalar por palavras que, no fim das contas, não representam quem nós realmente somos, pois essas pessoas que falam da gente não nos conhecem de verdade (e muitas vezes querem ser como nós). Portanto, elas não podem e NÃO DEVEM ganhar tanta importância a ponto de afetar a nossa vida.

Pegue o que existe (se existir!) de construtivo em cada crítica e descarte o resto. O importante é nos lembrarmos de que *nós* sabemos quem somos, o que pensamos, o que fazemos e porque fazemos. Qualquer coisa que digam que seja diferente disso não importa, e é apenas *blá-blá-blá*. Mentiras para tentar nos colocar para baixo e nos dar a sensação de que somos menos importantes do que realmente somos sempre vão existir. Nossa vida e nossa personalidade não são definidas por um monte de rótulos e adjetivos.

Somos muito maiores e mais interessantes do que tudo isso. NINGUÉM (nem aquele ex que pensamos ser o amor das nossas vidas) tem o direito de dizer o que somos e nos fazer acreditar nisso. E se sabemos que somos muito mais do que aquilo que dizem de nós, por que deveríamos nos importar?

Eu sei que às vezes bate aquela vontade de rebater, de argumentar – igualzinho eu fiz com meu hater imaginário no começo do livro e às vezes faço lá no Instagram –, mas... quer saber? Nunca vale a pena. A melhor maneira de calar uma fofoca, um boato venenoso e até mesmo essas críticas invejosas, é não dar Ibope. Não vale a pena se deixar levar pela negatividade que vem de fora, de pessoas que mal nos conhecem e acham que têm o direito de nos criticar. Ah, e se for o caso do ex chato que quer que você acredite que você é isso ou aquilo, lembre-se sempre daquela famosa frase: ex bom é "EXtrogonoff", queridinha! Se fosse bom, Deus não mandava *amar o próximo*! 😎

Seja mais você, sim!

Você sabe o seu valor e quem gosta de você de verdade também sabe. Então, bora focar nos seus pontos fortes, nas suas qualidades, em tudo aquilo que você tem de legal para oferecer.

Ai, amo essa frase 👏

Você é única!

Continue SIM ❤ com os seus próprios hobbies, gostos, anseios, desejos e sonhos, e não deixe que um punhado de rótulos cuspidos em caixas de comentários, fofocas de corredor e opiniões maldosas te atinjam!

Quando esquecemos as coisas ruins que os outros comentam e focamos no que há de melhor em nós mesmas, só crescemos!

Temos mais oportunidades de investir nosso tempo naquilo que gostamos de fazer, seja jogar futebol, aprender a se maquiar, ler novos livros, *maratonar* uma série de TV, conversar com um garoto especial...

Mostramos ao mundo que não somos apenas uma casca, um amontoado de aparências, e sim significados, sentimentos *humanos*...

Ao afastarmos pessoas e palavras negativas da nossa convivência, atraímos quem realmente gosta de nós e pessoas com quem gostamos de passar nosso tempo.

Nós só ganhamos! 🙌😘❤️

MENINA PARA FICAR OU PARA NAMORAR?

"Será que sou o tipo de menina com quem os garotos querem ficar ou namorar ❤️?"

"Será que algum menino iria mesmo querer sair comigo 😟?"

"Devo agir diferente para conquistar o crush 😍?"

"Será que minha atitude e minha personalidade afastam os garotos 😛?"

Sabe qual é a resposta para todas essas perguntas e maluquices similares que passam na sua cabeça?

Você é tudo isso, então seja você mesma!

Independentemente de onde, como ou quem você vá paquerar, seja SEMPRE você mesma. Por isso, antes de se lançar no jogo da conquista, tem três coisinhas que eu acho bem importante dizer:

Seja natural!

Se você gosta de maquiagem, use SIM ♥ maquiagem. Se gosta de usar calça jeans e camiseta, use. Aja de forma natural, sem tentar fingir ser alguém que não é. Afinal, você quer que o garoto se apaixone por você, e não por uma farsa, né?

Seja confiante!

Talvez você seja tímida e isso faça parte da sua personalidade, mas mesmo sendo mais quietinha e na sua, você tem que ter autoconfiança. E o que é isso? Quando melhoramos nossa relação conosco, nos conhecemos e nos aceitamos como somos, ficamos mais seguras e atraímos coisas melhores para nossa vida, e isso inclui garotos!

Mostre que você é muito mais do que ele imagina!

Lembre-se de que *você* vem em primeiro lugar. Às vezes temos medos e até mesmo mania de sempre tentar agradar os outros e nos esquecemos de nós mesmas. Eu demorei muito para perceber que não estava feliz, e eu nunca conseguia ser 100% eu mesma ao lado de alguém se não estivesse bem comigo... Como já disse, acredite no que você é, que pode *sim* conquistar tudo o que quer, e mostre isso. Mostre *confiança* 😎! Foque no que você tem de bom e pode acreditar:

TODA limitação é você quem cria!

Algumas garotas acreditam que existe uma espécie de cartilha de comportamento de como agir para ser "a garota perfeita para namorar", mas não percebem que essa ideia, além de tirar a liberdade de ser você mesma, também parte do princípio de que você não tem mais nada para fazer na vida além de tentar agradar garotos, e todas nós sabemos que não é bem assim. Temos as nossas próprias atividades, nossos compromissos e, além disso, às vezes só queremos curtir uma festa, uma praia, uma noite, nossas amigas e amigos. Acredite, sempre existe um par para você (ou se preferir, "a metade da sua laranja" 😉).

Agora sério, fingir ser algo que você não é só para conquistar alguém que talvez não valha a pena é abrir mão da própria personalidade! Além de ser horrível ter que usar uma máscara o tempo todo, ninguém consegue manter a "farsa" por muito tempo. E outra, né: tudo que começa errado é mais difícil de dar certo! Está fadado a dar errado porque, mais cedo ou mais tarde, as máscaras sempre caem e aí fica feio só pra você.

Agora me diz: por que você estaria interessada em ficar com um garoto que não te aceita como você é, e faz você ter que ficar policiando seu comportamento 😮? Devemos ficar com garotos que nos respeitem, que gostem da gente de verdade, sem julgamentos. Não há nada melhor na vida do que isso, nada que traga mais felicidade do que se aceitar e mostrar a todos quem você é de verdade, e ser respeitada e amada por isso, sendo livre.

Se quando você agir naturalmente não conseguir conquistar aquele cara que faz seu coração disparar, isso já é um ótimo indício. *Às vezes isso já mostra que vocês não são compatíveis e que é melhor partir pra outra, afinal, em pouco (ou muito) tempo, são bem grandes as chances de a relação não dar certo, né?*

E olha, arrisco também a dizer que apenas *garotinhos* ficam preocupados com coisas sem importância ou se sentem incomodados com sua atitude e personalidade. Nenhum homem de verdade, que goste mesmo de você, vai achar ruim que você seja autêntica. Por isso falo e repito, amiga, pense mais em você e menos no medo de ser julgada por quem não merece sua atenção.

Seja você mesma!

E isso não vale apenas para o amor, mas para tudo na vida. Só assim conseguiremos alcançar nossos tão sonhados objetivos.

Agora, digamos que você esteja disposta a agir de forma diferente para agradar um garoto. Finge ser mais comportada do que é, muda a maneira de se vestir, muda seu linguajar, muda a forma de se maquiar, de se comportar na internet... E vamos mais longe ainda: digamos que isso tudo dê certo e que o garoto finalmente perceba que você existe e vocês começam a ficar e, depois, a namorar.

Sempre que vocês saem, você se veste como *ele* gosta, vocês vão aos locais que *ele* gosta de ir, age como *ele* quer que você aja, fala apenas com as pessoas que *ele, ele, ele*... Opa! Tem algo errado aí! 😐 Que garoto é esse que tem tanto poder sobre você? Será que é esse o tipo de relacionamento que vai te trazer felicidade mesmo? 👎 Aposto que não. Experiência própria!

Claro que ninguém é 100% compatível e que namoro de filme não existe, mas vocês entendem o que estou querendo dizer? É diferente de você, de repente, aprender a gostar de um gênero musical que ele curte, ou de algo que você jurava odiar virar sua comida/música/filme (seja o que for) preferido(a). O que estou sempre batendo na tecla é que o importante é não forçar a barra. Deixa pra lá *mesmo*! Quando for a pessoa certa, você vai ver como tudo conspira a favor, sem máscaras, sem esforço! O destino sempre dá um jeitinho de tudo se ajeitar, *no tempo certo*!

E lembre-se de que o amor começa dentro da gente, e só depois é dividido com alguém. E se algum garoto te considera uma menina "só para ficar", então olha, que grande otário! *Ele* que vai sair perdendo! Temos que parar com essa história de ficar se rotulando ou tentando se encaixar em um molde supostamente "ideal".

Lembre-se também de que esse pensamento pode ser usado em todas as ocasiões, não apenas naquilo que envolve o coração.

Você quer alguma coisa?

Levante e vá atrás. Só quem se mexe faz acontecer!

ATITUDE É TUDO!

Ter atitude é o oposto de agir só para agradar alguém. E agora que já deixamos claro que nenhum garoto, nem mesmo o Justin Bieber, vale a pena para você fingir ser algo que não é, podemos conversar melhor sobre esse assunto. Ah, antes de finalizar, tenho que puxar a orelha de quem deu risada ao ler "Justin Bieber" ali em cima, diminuindo a autoestima mais uma vez ao pensar que ele nunca te olharia. Já falei e vou sempre repetir: *a limitação quem cria somos nós*! Claro que sem loucuras e com o pé no chão, também já disse que o que é pra ser tem muito poder, e que certas coisas só entendemos com o tempo.

Pronto, agora sim...

Bem... Sobre ser uma garota de atitude, ter personalidade... Ok, mas o que isso significa?

Ia colocar aqui o significado, mas acho que os antônimos vão nos ajudar mais:

Ter atitude é o contrário de:
Medo, inércia, apatia.

Minha filhaaaaa, não faça como muita gente que acha que as coisas caem do céu! *Vá atrás do que você quer, do que te faz feliz!* Eu nunca tive vergonha e nunca achei um absurdo nós darmos o primeiro passo. Isso é coisa do século passado, juro pra você. O medo, e até mesmo o orgulho, não levam a gente pra lugar nenhum, pelo contrário, só nos fazem perder oportunidades incríveis ! Aqui embaixo tem mais algumas dicas que acho superválidas:

1 Saiba dizer sim, mas também saiba dizer não

Ter atitude não é dizer sim para tudo na vida. É saber escolher e decidir por si mesma aquilo que deseja ou não fazer, avaliando conscientemente tudo de bom ou de ruim que poderá vir daquela experiência, sabendo lidar com as consequências.

Controlar as suas escolhas é um passo importante, que vai te ajudar a encontrar suas paixões, seus gostos e também o amor!

2 Seja dona de si mesma

Isso tem muito a ver com *ser você mesma*, mas em um outro aspecto: não se deixar manipular por pessoas ou situações. Talvez um cara queira que você faça algo que você não quer, ou a sociedade espera de você algo que não te faz feliz. Nessas horas precisamos lembrar que *não devemos nada a ninguém a não ser a nós mesmas*. É claro que isso não quer dizer que você tenha de passar por cima dos outros como um trator. Quer dizer apenas que é necessário ter senso crítico diante do que os outros esperam de você, para saber a melhor maneira de agir.

3 Seja ambiciosa 😉

Correr atrás de nossos sonhos e nos esforçarmos para alcançar nossos objetivos sem desistir no meio do caminho são grandes passos para a conquista da nossa independência e rumo à felicidade.

4 Saiba o que é melhor para você mesma

Uma garota de atitude não sabe apenas o que quer e aonde quer chegar, mas sabe também o que precisa ou deve deixar de lado ao longo do caminho. E isso, às vezes, inclui pessoas ou situações que são tóxicas para nós. Você precisa saber tomar as próprias decisões sem medo do futuro.

Muitas pessoas confundem atitude com imprudência, ou a utilizam para justificar comportamentos grosseiros e egoístas, mas isso está muito longe da realidade. Imprudência, grosseria e egoísmo nada têm a ver com atitude.

5 Esteja rodeada de pessoas que realmente te fazem bem

Isso conta muito! Experimente estar ao lado somente de pessoas que querem te ver feliz e que querem seu bem... parece até mágica! O teste sempre dá certo e conseguimos ficar ainda mais confiantes.

Em resumo: ser uma garota de atitude significa agir sempre de forma genuína, mas não necessariamente de forma impulsiva, sem pesar as consequências nem ouvir conselhos das pessoas certas. Ter atitude é saber identificar os pontos positivos e negativos de cada escolha e colocar na balança para ver o que vale ou não a pena, se preocupar menos com julgamentos alheios e não ter medo de ser feliz 😚.

E agora que já batemos um papo bem gostoso sobre essas coisinhas que toda garota deve ter em mente antes de querer entrar em um relacionamento, seja ele com um ficante ou com um namorado sério, bora passar pra ação e se jogar 😉?

PARTE 2

Paquera

Pra falar do amor de verdade
Vou começar pela melhor metade
Te mostrar tudo de bom que tenho
E se for preciso eu desenho.

"DUAS METADES" – JORGE E MATEUS

ONDE E COMO CONHECER GAROTOS INTERESSANTES?

Possibilidades infinitas!

O amor não escolhe hora nem lugar e pode acontecer nos locais mais inesperados. O garoto certo pode aparecer na escola, em uma festa, na internet, no ônibus, ou tropeçar na sua frente bem no meio da rua. O cara dos seus sonhos pode até ser aquele alguém que você nunca nem reparou que existia e estava ali... bem perto de você 😚.

Então isso quer dizer que temos de ficar paradas esperando a ação do destino? Nananinanão! Existem vários lugares onde você pode encontrar uma pessoa legal, o segredo é estar aberta e ficar ligada a todas as possibilidades. Em vez de focar apenas nos garotos populares da escola, por quem todas as meninas suspiram, preste atenção ao redor. Às vezes, estamos tão concentradas em alguém que, sem querer, impedimos que um cara superlegal, mas que não estava no nosso radar, se aproxime.

Agora, com isso em mente, que tal arregaçar as mangas e tomar algumas pequenas atitudes e dar uma forcinha para o destino?

Vá aos lugares de que você gosta

Afinal, se você quer encontrar alguém que tenha gostos iguais ou pelo menos parecidos com os seus, de que adianta ir a lugares que você não acha bacana? Por exemplo, se você odeia ir para a balada, mas mesmo assim vai para encontrar alguém, as chances de conhecer um cara que curte frequentar esse tipo de lugar são beeem grandes.

Lugares para conhecer os crushs da vida:

1 **ESCOLA** – A escola/faculdade é um dos lugares mais óbvios. Lá é o espaço onde se encontram todos os tipos de pessoas. Acredite em mim, pelos corredores sempre existe um que é a sua cara... tem de tudo!

2 **PRAIA** – A praia já dá aquele clima perfeito, então nada melhor do que juntar o útil ao agradável. Ah, inclusive meu primeiro beijo aconteceu na praia.

3 **CLUBE** – Se a sua cidade não tem praia, não se desespere! Sempre tem um clube onde você pode conversar, fazer novas amizades e pode até conhecer alguém legal. Começar a praticar um esporte ou algo que tenha vontade também é uma das formas mais legais de fazer contatos e descobrir pessoas novas.

4 **SHOPPING** – Sim, shopping! Acreditem, já conheci pessoas muito interessantes em uma simples tarde ou noite de passeio no shopping com as amigas. Lá também é um lugar em que encontramos todos os tipos de pessoas, e o mais legal é que às vezes nem estamos procurando por alguém e é aí que aparecem oportunidades incríveis!

5 **BALADA** – Claro que a balada não pode ser descartada, mas precisamos ter uma certa cautela ao entrar neste tópico. Geralmente balada/noite é para novos solteiros e pessoas que não querem compromisso sério. Mas claro que há exceções, por isso não dá para descartar da lista.

6 **ACADEMIA** – Ah, quantas paixões platônicas eu já tive nesse lugar... kkkkk. Sério, eita lugar pra ter gente atraente! E olha, já aconteceu de pedirem meu WhatsApp por lá, viu? Às vezes achamos que não é o lugar ideal por muitas vezes estarmos suadas e na pior situação, mas sempre podemos nos surpreender.

7 **TRABALHO** – Ih, já dizia o ditado: "onde se ganha o pão não se come a carne". Conheço muitos casais que trabalham juntos e se dão muito bem, mas também conheço muitos (confesso que a maioria) que infelizmente misturaram a relação

trabalho/amor e acabaram terminando. Como sempre, calma: HÁ EXCEÇÕES! Mas o que quero dizer é para tomar muito cuidado, talvez não seja a melhor opção misturar (como diz meu pai) as bolas 😌. kkkkkk

8 **APPS DE RELACIONAMENTO** – Ai, ai, ai, ai, aiiiii!! Acho melhor eu abrir uma parte aqui só pra isso porque não posso ser hipócrita e deixar passar em branco os famosos apps de relacionamento que, sim, também são uma forma de você conhecer pessoas! Porééééém tem os prós e os contras. Tenho muitos amigos e amigas que namoram por terem conhecido a pessoa através desses apps e são beeeem felizes. Mas vá devagar e tenha sempre cautela ao utilizar, porque pode ser uma cilada 😮.

E COMO EVITAR UMA CILADA?

✋ Não marque nenhum encontro sem antes ter conversado bastante com a pessoa.

✋ Vale a pena dar uma "stalkeada" nos perfis e redes sociais para saber com quem você está falando (se não é um perfil fake ou até mesmo alguém maldoso).

✋ *Tome muito cuidado* e não vá se encontrar com ninguém se você tiver qualquer pontinha de medo. E ainda que você tenha certeza, não deixe de marcar o primeiro encontro em um lugar público, tipo um shopping ou um café mais badalado, *nunca* na

casa da pessoa. Jamais peça para te buscarem na sua casa logo de cara, afinal você ainda não conhece essa pessoa o suficiente.

Aplicativos que usam mais o GPS e te apresentam pessoas que cruzaram contigo – e não aqueles que mostram pessoas que estão em um certo raio de distância – são mais para possíveis namoros, porque são pessoas que frequentam os mesmos lugares que você e, portanto, tem hábitos semelhantes.

Já os aplicativos que te apresentam pessoas que estão em um determinado raio de distância são mais para pegação mesmo, nada sério. E ainda tem alguns que te apresentam pessoas que são amigos de amigos seus no Facebook. E, falando abertamente, *é óbvio* que você não pode queimar o filme com amigos de amigos seus.

Peça uma ajudinha aos seus amigos!

Você certamente não conhece todos os contatos dos seus amigos, né? As possibilidades de algum amigo ou amiga ter alguém bacana para te apresentar é grande. Por que não convidar sua amiga para sair e falar para ela levar alguém de fora do círculo de vocês? Tenho certeza de que ela ficaria animada em te ajudar!

Tome a iniciativa

Eu sei que dá muuuuito medo, é difícil e dá a *maior* vergonha do mundo, mas talvez a pessoa esteja sentindo a mesma coisa. Então, se você vir alguém interessante, não custa nada dizer "oi", se apresentar e tentar puxar conversa. Tente encontrar coisas em comum entre vocês para terem assunto nesse primeiro momento. Por exemplo, viu o garoto lendo um livro que você adora? Respire fundo e crie coragem para chegar de mansinho e falar com ele. No mínimo será uma conversa agradável.

Lembre-se!

O "não" você já tem!

QUEM CHEGA PRIMEIRO

Eita que esse assunto me dá até preguiçaZzzZz... *acorda aaaaa galerannn*, século XXI! Já passou o tempo em que a parte masculina tem que dar o primeiro passo. Eu não tenho vergonha alguma de puxar assunto ou de demonstrar que quero sair para jantar ou pegar um cinema com o boy ❤!

Se joga!

Muita gente tem tanto medo de paquerar ou de se declarar quanto você. Às vezes a pessoa nem reparou nas suas investidas e nem se ligou de que você gosta dela. Você não precisa chegar se declarando, é claro. Mas é bom criar uma proximidade, um início de amizade para que a relação possa evoluir e vocês tenham a oportunidade de se conhecerem melhor e verem se investir vale mesmo a pena.

Os tempos mudaram, o mundo evoluiu e você não precisa ficar se prendendo às regras da época em que nossos avós eram crianças. Se você quer alguma coisa, não fique passando vontade e sofrendo por causa de uma regra antiquada ou por medo do que possam pensar de você. Eu sempre fiz disso uma das prioridades da minha vida: *se eu quero alguma coisa, mesmo sendo muito difícil, eu corro atrás.*

Se você viu um cara interessante, avaliou e acha que ele está sozinho, não tenha medo de se aproximar e puxar conversa. Como eu já disse: *o "não" você já tem.* Se você já conhece o garoto e percebeu que de repente seu coração começa a bater mais forte quando o vê, ache um meio de demostrar.

Se ele é seu amigo, aproveite a proximidade e o convide para tomar um suco depois da aula ou para um cinema no fim de semana. Se ele topar, aproveite para observar as atitudes dele e descobrir se ele demonstra algum interesse por você.

E se você já tinha ou pegou os contatos do gato, amiga, bora usar as redes sociais a seu favor!

PAQUERA NAS REDES SOCIAIS

Instagram

#HoraDaVerdade: Quem nunca curtiu a foto antiga ou deixou um emoji na foto de alguém de que estava a fim? Coisa mais normal do mundo hoje em dia, né? Eu também acho que essa é uma das melhores formas de demonstrar interesse, e se você ainda tem alguma dúvida se deve ou não fazer isso, eu já digo: não pergunte pra mim, sou muito a favor! Até famosos fazem isso! Se você quer deixar bem claro que gostou, deixe claro a stalkeada também. Vá com calma, não precisa curtir tuuuuudo, mas uma foto antiga e o comentário certo sempre caem bem 😛!

Facebook

Adicionar no Facebook é o principal, né 🙂! É o primeiro passo para uma aproximação e para mostrar que você está interessada, nem que seja apenas por amizade. Curta apenas as postagens que tenham a ver com você de verdade e com que você realmente se identifica. É legal, pois assim a pessoa fica sabendo do que você gosta e percebe os seus interesses em comum. Ver essas postagens também é ótimo para começar uma conversa cara a cara na próxima vez que vocês se encontrarem. Diferente do Instagram, no Face pega mal se você curtir ou comentar uma postagem superantiga! Se ele se formou há uns três anos, por exemplo, não escreva "parabéns!" nos comentários! Isso é coisa de tia, hahaha 😂.

Twitter

O Twitter é um bom lugar para indiretas, mas também não dê muito na cara. No máximo escreva que conheceu alguém muito legal ou, quem sabe, poste uma música que te faz lembrar do encontro ou da pessoa. Faça o mesmo que no Facebook: curta, responda e retuíte apenas o que te interessar de verdade, para que ele veja do que você gosta.

Snapchat

Faça snaps de momentos divertidos do seu dia. Mostre do que você gosta e o que você faz, assim ele vai ver que você é uma pessoa legal e terá ainda mais curiosidade de conhecê-la e, quem sabe, estar nos seus snaps no futuro 😉!

Dicas de Netiqueta

EVITE USAR MAIÚSCULAS.

Se você escrever TUDO DESSE JEITO, vai parecer que você está gritando, e as pessoas vão te achar meio grossa. Cuidado aí com as maiúsculas!

NÃO FAÇA TEXTÃO.

Sabe aquele povo que faz textão no Facebook em um único bloco, que você olha e já fica com preguiça de ler? Então, pra quê fazer isso? Divida o seu texto em partes, assim, você descansa a vista do leitor com pausas e não fica parecendo um muro intransponível. Para a sua mensagem ser bem compreendida, ela precisa estar no formato certo.

NÃO FIQUE COBRANDO RESPOSTA.

Aposto que já aconteceu com você. Alguém te mandou uma mensagem no WhatsApp e menos de um minuto depois ficava mandando "???" ou pedindo resposta. Gente, isso é bem tosco. Tipo, nem sempre a gente pode responder na hora – pode estar na escola, numa reunião ou coisa do tipo. Então não faça com os outros o que você não gostaria que fizessem com você.

NÃO FAÇA SPAM.

Não faça spam em fotos ou posts de outra pessoa – além de ser chato para o dono do perfil, isso queima muito o seu filme. Fazer uma enxurrada de comentários não vai fazer com que a outra pessoa te note ou queira te conhecer mais a fundo. Mantenha um equilíbrio e tenha certeza de que, nesse caso, menos é mais.

SE COMPORTE BEM.

Evite participar de brigas, discussões acaloradas e coisas do tipo. Você já viu alguém realmente mudar de opinião por causa de briga na internet? Não gaste o seu tempo ou suas energias com isso. Trate todo mundo bem, evite o excesso de palavrões e torne a internet um espaço confortável para todos.

COMO SABER SE ELE ESTÁ A FIM?

Conheceu um cara legal e ficou a fim dele 😍?

Vocês conversaram e rolou um clima bom 😌?

Ele se mostrou aberto e o papo foi superlegal 😀?

Você acha que a paquera rolou, mas não tem certeza 😳?

Está na dúvida se ele estava na sua ou se só estava sendo simpático 😐?...

E agora 😩?

Como saber se o cara está mesmo a fim 😢?

Alguns sinais, principalmente a linguagem corporal, já demonstram logo de cara quando um garoto tá na sua. Mas outros são mais sutis. Ficar atenta a esses sinais é legal porque, além de te ajudar na paquera, também pode te poupar de se declarar e levar um fora.

5 sinais de que ele está a fim de você

1 Ele puxa conversa com você no Facebook, no Instagram, no Twitter, etc.

2 Ele tenta chamar a sua atenção com agrados, seja um bom-dia um pouco mais carinhoso ou um convite para o cinema.

3 Ele sempre parece um pouco mais tímido do que o normal quando vocês estão sozinhos, mesmo que tente disfarçar.

4 Ele faz piadinhas e tenta ser bem-humorado ao seu lado. Isso não quer dizer que ele vá dar cambalhotas e usar um nariz de palhaço, mas ele sempre tenta mostrar seu melhor lado.

5 Ele sempre diz que se lembrou de você ao ver um filme – e você nem sabia que ele gostava de comédias românticas – ou ao ouvir uma música "bonitinha".

Mas e aí? Você leu os sinais, mas continua na dúvida... então calma. Vamos para situações mais específicas. Às vezes, a gente perde muito tempo dando atenção para quem não merece. Pode ser um garoto que gosta de outra pessoa ou, pior ainda, apenas alguém não tão legal assim e que não vale um fio de cabelo seu. Com este teste, vou te ajudar a descobrir se vale a pena investir no garoto, ou se você ganharia mais assistindo a um seriado, lendo um livro ou passeando com as amigas:

Teste

SERÁ QUE ELE MERECE A SUA ATENÇÃO? 😥

1 **Vocês estudam no mesmo lugar, mas não na mesma classe. Já conversaram nos corredores e têm amigos em comum. Como ele costuma agir com você nesses momentos casuais?**

A) Nunca te tratou mal, mas também nunca de maneira especial. Ele age como se você fosse qualquer outra pessoa conhecida da escola.

B) Trata você superbem, lembra do seu nome e te convida para sentar com ele no intervalo. Conversa sobre coisas comuns com naturalidade e é educado com todos.

C) Você tem quase certeza de que ele não sabe seu nome, talvez nem se lembre direito do seu rosto.

D) Ele parece bastante alegre ao falar contigo e você percebe que existe um pouco de tensão entre vocês dois. Já te adicionou no Facebook e curte suas fotos no Instagram.

E) Ele fica feliz, mas apenas se você aparece acompanhada da sua amiga.

2 **Sua amiga convidou uma galera para ir na casa dela no fim de semana. Ele também está lá, e na mesma roda de conversa que você. Como ele age?**

A) Ele conversa normalmente com todos, mas fica um pouco alheio a tudo.

B) Se lembra das suas conversas anteriores e, para sua surpresa, lembra até das suas bandas e filmes favoritos.

C) Discorda da opinião de um dos colegas e age de forma grosseira. Depois diz que foi só uma brincadeira.

D) Conversa apenas com você e parece nem se lembrar dos próprios amigos que estão por ali.

E) Fala com você tranquilamente, mas parece interessado em saber mais sobre a anfitriã.

3 Vocês vão ao parque com os amigos, e ele é o cara que:

A) Parece entediado boa parte do tempo.

B) Anda com o grupo e conversa normalmente, sem reclamar.

C) Tenta de todas as formas chamar a atenção de todos com piadinhas e comentários desnecessários.

D) Não sai do seu lado e se diverte com você.

E) Parece estar sempre procurando por alguém.

4 Você e seus amigos foram numa festa, e só sobram vocês dois no fim da noite. Está tarde e sua carona está demorando bastante. O que ele faz?

A) Chama um táxi e vai para casa depois de se despedir de você.

B) Espera com você até sua carona chegar.

C) Você pede para ele ficar, já que está escuro, mas ele não se importa e vai embora.

D) Ele te leva até a sua casa.

E) Enquanto esperam, ele comenta com você o quão linda sua amiga estava.

5 **Você falta à aula depois de uma infecção alimentar e suas amigas estão todas preocupadas. Qual a situação mais provável:**

A) Ele nem percebe que você faltou.

B) Ele te liga ou manda mensagem perguntando se você já está bem.

C) Faz alguma piada com o fato de você estar doente.

D) Ele não apenas te visita, mas leva alguns filmes para você ver enquanto fica de cama.

E) Demonstra alívio por você estar bem assim que você volta.

6 **É seu aniversário. Como ele reage?**

A) Ele fica sabendo apenas quando vê seus amigos te dando os parabéns, e age com educação.

B) É um dos primeiros a te dar os parabéns e parece empolgado com a comemoração mais tarde.

C) Ele sabe que é seu aniversário, mas nem te parabeniza.

D) Te parabeniza assim que consegue e ainda te dá um bombom de presente.

E) Fica ansioso para a comemoração depois da aula, mas parece não se lembrar bem o motivo pelo qual vocês vão sair.

Mais respostas com a letra A:

Só um pouquinho. Bem pouquinho.

Esse garoto te trata com total indiferença. Ele não é superlegal com você, mas também não é um babaca. Ele parece desinteressado, mas é educado e trata todo mundo bem. Talvez ele apenas não tenha notado sua presença, ou talvez seja um bom colega, mas nada além disso. Parece ser um garoto bacana, então talvez valha a pena investir um pouquinho só do seu tempo para ver se ele acorda para a vida. Talvez seja apenas um pouco avoado, não é? Mas não perca muito tempo com ele se a atitude não mudar.

Mais respostas com a letra B:

Dá para investir.

Esse garoto parece gostar bastante da sua amizade, e só por isso já vale a pena dar atenção a ele. Talvez esse afeto possa evoluir, talvez não; mas de qualquer forma, não será tempo perdido, pois é alguém legal de se manter por perto. Invista um pouco do seu tempo, e se perceber que ele está se interessando, tente algo mais ousado. Se não rolar, se faça de desentendida e curta a amizade.

Mais respostas com a letra C:

Cai fora, amiga.

É surpreendente que você tenha perdido seu tempo respondendo esse questionário pensando nele. Esse garoto não merece sua atenção nem que seja para pegar o celular que caiu de tela no chão, de tão mala que ele é. É possível que ele seja assim com todo mundo, mas de toda forma seria uma gigantesca perda de tempo pensar nele por mais um minuto que seja. É muito melhor passar a noite jogando Candy Crush sozinha em plena sexta-feira.

Mais respostas com a letra D:

Gata, corre que é teu!

O que você está esperando? O menino tropeçar e cair nos seus braços? Ele está dando vários indícios de que curte muito passar o tempo contigo, e talvez ele seja como você – tímido demais para criar coragem e dizer que está a fim. Se você também gosta dele, tente demonstrar de alguma forma. Vá até a página 75 e aprenda como sair do casulo!

Mais respostas com a letra E:

Dá para recuperar tempo perdido?

Olha, sem querer te decepcionar, mas parece que ele gosta bastante da sua amiga. Agora é hora de respirar fundo, se lembrar de que a fila anda e existem outras coisas além de garotos para se curtir na vida. Quem sabe depois desse choque de realidade você consegue até mesmo ajudar sua amiga e ele a ficarem juntos? Claro, só se ele for bacana e se valer a pena, né? Você não quer sua amiga encalhada com um garoto ridículo.

Curious
George

FAZENDO A DESINTERESSADA...

Às vezes vale a pena fazer algumas coisas como: demorar para responder as mensagens mesmo quando está doida para falar com ele; não ir atrás quando quer dizer algo que não é tão importante assim para não dar na cara que está a fim; ficar afastada dele nas festas/balada dançando com outra pessoa para que o garoto sinta ciúmes 😜...

Enfim... fazer o que chamamos de "joguinho" para fingir desinteresse é algo supercomum, mas se você está mesmo interessada, pra que fingir o contrário? A vida passa tão rápido e numa dessas você pode acabar perdendo a oportunidade de ficar com quem gosta. Afinal, vai que ele gostava de você também e acabou partindo pra outra achando que você não estava na dele? Pensa só, que trash 😫!

Talvez você tenha optado por fazer joguinho com medo de te acharem uma desesperada por atenção, mas vamos ver por que isso pode dar extremamente errado:

1 O tempo passa rápido e paixões vêm e vão. Você pode perder a oportunidade de viver o relacionamento que tanto queria se fizer o cara achar que você não estava nem aí para ele.

2 Tudo bem que devemos nos controlar para não parecermos desesperadas, mas não custa nada dar atenção para a pessoa de que a gente gosta. Afinal de contas, é assim que relacionamentos são construídos: dando e recebendo atenção.

3 Se coloque no lugar do outro e imagine: se a pessoa fizesse o mesmo com você o tempo todo, como você se sentiria? É ruim, né? Às vezes temos essa mania de achar que as pessoas só querem o que não têm, mas na maioria das vezes não é bem assim. Não seria melhor acabar de vez com todas as dúvidas? Pode ser que você ainda fique a chata da história e perca a vez.

4 Se o garoto te achar desesperada só porque você respondeu uma mensagem rápido demais, calma... respira, nem liga e vê no que dá.

5 Isso pode ter um efeito contrário. Você pode achar que está evitando ser chamada de desesperada, mas vai saber o que se passa na mente da pessoa? Você quer que ele goste de você do jeitinho que você é, correto? Então pra que fingir ser outra pessoa? A melhor forma de começar um relacionamento é com sinceridade e transparência.

Então, amiga, pense bem em qual mensagem você está querendo passar e que tipo de relacionamento você quer com esse garoto. Se vocês se gostam, fiquem juntos logo de uma vez, ué!

PAIXÕES PLATÔNICAS

Bom, agora que falei bastante sobre táticas de paquera, antes de seguirmos em frente quero tocar num assunto que às vezes passa batido quando falamos sobre conquista, mas que pode "miar" todo o seu plano de namorar quem você acha gato: as paixões platônicas. Taí um assunto em que sou expert!

Então, partindo do básico, paixões platônicas são complicadas. *Muito* complicadas... *mesmo*. É aquele negócio: você está a fim de uma pessoa, vê ela passando ao longe e fica imaginando um milhão de coisas. Imagina como seria andar de mãos dadas com ela, como seria o primeiro beijo e tudo o mais. Mas, aí, minha amiga, você toma aquele tombo e rala o queixo no chão, um tombo chamado *realidade*.

Todo mundo já teve – ou ainda vai ter – uma paixão platônica. Sabe quando precisamos olhar de lado para que aquele cara não note que está sendo observado? É uma coisa comum na vida e todo mundo vai passar por isso um dia, seja aquela paixonite por membros de boy bands na pré-adolescência ou por aquele colega de sala no ensino médio – aposto que existem milhões de garotas "casadas" com paixões platônicas ou até mesmo com um ídolo (eu mesma já tive o Justin Bieber como marido, mas já superei nossa separação, kkkkk brincadeira 😎).

Acho que ninguém precisa ter vergonha ou medo de sentir isso. É uma coisa normal e que sempre vai te acompanhar, mesmo quando você tiver 20 ou 30 anos de idade. Faz parte do ser humano e da vida.

A paixão platônica tem um lado inocente, com toda a idealização bonita que criamos na nossa cabeça (ignorando grande parte dos problemas que acompanham um relacionamento de verdade). É como sonhar acordada e deixar a mente dar voltas e voltas pelo mundo inteiro, um mundo onde tudo dá certo, mas que nem sempre faz sentido.

O outro lado da paixão platônica é que às vezes não é legal: quando ela te paralisa e te faz deixar a realidade de lado, sem coragem de tomar uma atitude, sem correr atrás daquilo que você deseja. (Olha, me senti culta agora, falei bonito!)

A real é que nos filmes e livros até pode ser uma paixão romantizada e cheia de glamour, mas a vida real é diferente e não dá para ficar se escondendo atrás de uma parede de medo. A verdade é que *se você não tomar uma atitude, nada vai acontecer na sua vida.*

E isso é sério. Namorar alguém só dentro da cabeça não é algo legal de se cultivar, é importante sair do "mundo de Alice" e ir para a vida real. Você não pode viver só assim. Sonhar é importante, mas fazer os sonhos se tornarem realidade é mais importante ainda, afinal, é a realização que faz o sonho *valer a pena.* #FaleiBonito

É muito comum ter uma paixão platônica, e não se sinta estranha por isso. Quem nunca saiu do cinema suspirando pelo Robert Pattinson ao vê-lo todo gato, ou melhor, vampiro em *Crepúsculo*? Mas lembre-se sempre de que a "vida real" é muito mais emocionante e divertida do que a vida que criamos na nossa cabeça. Às vezes o cara dos seus sonhos pode estar tentando se aproximar e você não repara por estar ocupada demais com ilusões (e ele pode não ser o "Edward", mas pode ter um sorriso tão lindo quanto o dele). *Se joga, amiga!*

FRIENDZONE

Friendzone é uma palavra nova para descrever uma coisa que acontece desde que o mundo é mundo: gostar de um amigo e não ser correspondida, ficando apenas ali na lista de "melhores amigos". Acho que todas as pessoas do mundo já se apaixonaram por um amigo com maior ou menor intensidade em algum momento.

Seu amigo já está ali do lado, você o conhece bem e tem certeza de que ele também te conhece. Então, seria como juntar o melhor de dois mundos: aquela parceria que já existe entre vocês, a confiança e a amizade com um sentimento ainda mais forte... É a hora em que você se dá conta e putz, vê que gosta daquela pessoa e quer ficar com ela.

Mas ai, ai, ai... isso pode ser um problemão. Muita gente tem medo de se declarar para o melhor amigo com receio de ser rejeitada, criar um clima estranho e perder a amizade. E como tudo na vida pode dar certo ou errado, e as chances são iguais para ambos os lados, é claro que isso pode acontecer. O problema com esse tipo de ideia está em pensar que ficar em silêncio, guardando tudo, vai resolver alguma coisa.

Como diz o ditado: falar é fácil, mas eu juro que a melhor coisa que você pode fazer quando isso acontece é abrir a boca e colocar tudo pra fora. Acho que o mais importante é não ficar na dúvida nem "passando vontade", se privando de tudo o que pode ou não acontecer – afinal, a gente nunca sabe se a outra pessoa também sente o mesmo, e talvez ela só precise de um empurrãozinho. Uma amiga minha costuma dizer que o "talvez" mata – aquele lance de ficar indecisa, sem fazer coisa alguma, te devora por dentro. Falo disso por experiência própria. Toda vez que quis alguma coisa – ou alguém –, fui buscar, com medo ou não, porque senão eu ainda estaria lá atrás, sem dar nenhum passo adiante.

Meu conselho é:

viva o presente,
aproveite o agora!

Não tem nada pior do que se arrepender de algo que você não fez. O mais importante é que exista respeito e verdade entre vocês, uma amizade séria em que um realmente se preocupe com o outro e saiba explicar com cuidado e carinho que vocês são ótimos amigos, mas apenas amigos, pois assim, por mais que a amizade de vocês possa ficar estremecida logo após a declaração, com o tempo ela vai voltando ao normal.

Outra coisa que devemos pensar quanto à friendzone, é que pode acontecer o inverso: seu amigo gostar de você e não ser correspondido.

Repito: se vocês forem amigos de verdade, por mais que a relação fique estranha após o outro se declarar – afinal é doloroso levar um fora e dá uma megavergonha –, com o tempo a amizade vai voltando ao normal. Porém, às vezes pode rolar algo que não é tão bom assim: muitos acham que só porque são legais, engraçados e "amigos", significa que você precisa ficar com eles quando se declaram para você. Isso é errado e completamente fora da realidade. Ninguém é obrigada a ficar com ninguém, e você tem toda liberdade do mundo para dizer "Não, eu não quero".

Se ele ficar com raiva por ter levado um fora, significa que, para início de conversa, ele nem era tão seu amigo assim (e o mesmo vale para se você ficar com raiva de um amigo que te disser "não"). A melhor coisa a fazer é deixar que isso passe e vá embora da sua vida, porque no fim das contas você precisa seguir adiante.

Um amigo de verdade não vai virar as costas pra você porque seus sentimentos não foram correspondidos. Pode até ficar uma dorzinha ali por um tempo, mas rapidamente, tudo volta ao normal. Saiba reconhecer quem está com você pela amizade ou *apenas* por interesse, utilize isso para se cercar de pessoas que realmente merecem o seu tempo e o seu esforço.

Ah! E nunca siga adiante com algo que você ache que não é a escolha certa, mesmo que muita gente diga o contrário. Viva todos os dias em busca do melhor para você e daquilo que realmente te faz feliz e satisfeita com quem você é.

Não pare no tempo, nunca!

VOCÊ ESTÁ APAIXONADA? QUANTO?

É, eu sei que às vezes sentimos o nosso coração quase sair pela boca quando vemos aquele gato maravilhoso passar na nossa frente. Mas apesar de você se sentir diferente, talvez não tenha certeza se aquilo é amor, paixão ou algo passageiro. Vou te ajudar a tirar a dúvida logo de uma vez, para você parar de perder tempo e partir logo para o próximo passo. Quem sabe sua próxima selfie não será agarradinha com ele 😛?

Pense no boy e #SaibaAReal

1 Você está em casa e vê que uma mensagem dele acaba de chegar no seu celular. O que acontece em seguida?

A) Seu coração acelera e você mal pode acreditar que aquilo está mesmo acontecendo.

B) Você responde imediatamente escolhendo cada palavra com cuidado.

C) Se pergunta se ele enviou para a pessoa errada, já que ele nunca falaria com você.

D) Fica feliz, mas não para de fazer as unhas para responder.

E) Termina de falar com suas amigas antes de ler o que ele enviou.

2 Você sai com suas amigas e de repente o vê na mesma festa/balada que você, ali perto, conversando com os amigos dele. Qual a sua reação?

A) Esquece tudo o que está fazendo e corre até ele para cumprimentá-lo.

B) Fica nervosa e pede ajuda para suas amigas sobre como agir, pois tem medo de assustá-lo.

C) Fica a festa toda enviando olhares para ele, mas sem coragem de ir dizer "oi".

D) Conversa com ele normalmente, sem parar de sorrir um segundo.

E) Só se lembra do garoto quando ele vem falar com você.

3 **Você está na aula e o professor coloca vocês dois no mesmo grupo para fazerem um trabalho. Como você se sente?**

A) Como a garota mais sortuda do mundo, só seria melhor se o trabalho fosse em dupla.

B) Precisa se segurar para não dar um gritinho histérico.

C) Feliz, pois pelo menos assim ele vai notar que você existe.

D) Nem sabe como se sente, só quer prestar atenção na cor dos olhos dele.

E) Preferiria ser colocada no grupo com sua melhor amiga.

4 **Naquela megafesta, você acaba se separando de suas amigas, e agora o único local vago para se sentar é na mesa em que ele está. O que você faz?**

A) Senta ao lado dele sem pensar duas vezes. Faria isso todos os dias, se pudesse.

B) Se aproxima, com vergonha, e pergunta se o lugar está vago.

C) Na hora de se sentar, você precisa lembrá-lo de que estão na mesma classe.

D) Dá pulinhos de alegria, mas acaba demorando e perde o lugar para outra pessoa.

E) Senta ao lado dele e pergunta se ele assistiu ao episódio novo da sua série favorita.

5 Você está ouvindo uma playlist nova na internet e uma música faz com que você pense nele sem parar. Qual o seu próximo passo?

A) Você envia o link da música e diz que se lembrou dele na hora que ouviu.

B) Envia o link, mas não diz mais nada por medo de dar muito na cara que você está gostando dele.

C) Posta uma foto no Instagram usando a música de legenda da foto.

D) Ouve a música no repeat o dia todo até decorar cada palavrinha.

E) Comenta com ele quando se encontram, mas não lembra direito qual é a banda e nem o nome da música.

Mais respostas com a letra A:
Um amor para chamar de seu

Vocês já passaram do nível de serem colegas e são ótimos amigos. Agem com naturalidade perto um do outro e se conhecem bem o suficiente para se sentirem confortáveis em todas as situações. Talvez você tenha medo de perder essa amizade, mas algo lá no fundo lhe diz que quer fazer disso algo maior. Talvez seja o momento de se declarar e não perder mais tempo antes de finalmente cair nos braços dele de vez.

Mais respostas com a letra B:
Loucamente apaixonada

Não consegue parar de sonhar acordada e tem quase certeza de que ele sente o mesmo por você. São bem próximos como amigos, mas fica toda arrepiada quando ele fala com você. Já viu que existe uma chance de verdade de ficarem juntos, e para isso só precisa de um pouquinho mais de coragem para abrir seu coração e dar o próximo passo.

Mais respostas com a letra C:
Paixão platônica

Você gosta muito dele, mas no fundo já percebeu que o garoto não sente o mesmo por você. Tem coragem de se arriscar algumas vezes e chamar a atenção dele, mas já viu que não faz parte da sua lista de prioridades. Talvez seja melhor usar um pouquinho desse amor em você mesma e achar alguém que mereça de verdade a sua atenção.

Mais respostas com a letra D:
Paixonite

Você pensa nele boa parte do dia, mas se sente muito insegura. Não tem certeza se ele gosta de você, e isso te impede de tomar iniciativa. Acredite mais em si mesma e não tenha medo de se arriscar um pouquinho mais. Algumas vezes o amor vem de onde a gente menos espera, e o que seria apenas frio na barriga pode virar uma tempestade.

Mais respostas com a letra E:
Curtindo a vida

Desapegada e despreocupada com o futuro, sem ser pessimista nem otimista demais. Você pode até gostar da pessoa, mas não acha que vale a pena ficar sofrendo pelos cantos apenas por causa de uma paixão. Existem outras coisas na sua vida a serem curtidas – suas amigas, sua família, seus hobbies... Você gosta de agir com tranquilidade e quer deixá-lo se apaixonar de forma natural, sendo você mesma. Se as coisas derem certo entre vocês, ótimo; mas se não derem, pelo menos terá um grande amigo. Isso aí, garota!

HORA DA VERDADE: SE DECLARANDO

Antes de mais nada, preciso dizer: encare o "não" como uma possibilidade.

Devemos ser pé no chão e ter em mente que isso pode acontecer, mas quando partimos do princípio de que o "não" pode rolar, tudo o que você conseguir além disso já é vantagem.

Você pode se declarar de diversas maneiras. Pode ir na cara e na coragem e simplesmente dizer o que sente, ou pode ir aos poucos, jogando uma indireta aqui, uma stalkeada ali e observar se ele tem interesse. Na segunda opção, talvez você nem precise se declarar, já que saberá se ele está ou não interessado. O mais importante é ser sincera quanto aos seus sentimentos para não causar mal-entendidos.

Como fazer isso 😩? Você tem que escolher uma tática e ver o nível de intimidade que já existe, mas o que importa mesmo é você se sentir confortável e saber que ele também está.

Não existe uma receita certa para se declarar, nenhum segredo, nenhuma mágica, por um simples motivo: as pessoas são diferentes, e o que funciona muito bem para uns pode não funcionar para outros. Por isso, é só avaliar bem a situação, conhecendo a pessoa e seguindo seus instintos, afinal, não existe ninguém melhor do que você para saber como agir em relação à sua vida.

Playlist especial

Poucas coisas são melhores do que música para sentar no carro, no ônibus ou em qualquer lugar e ficar sonhando acordada com o menino que a gente gosta. Já perdi as contas do quanto já fiz isso. (Ok, ainda faço .) Selecionei então estas músicas especialmente para vocês. Quem sabe elas não são a forcinha necessária para você dar o próximo passo, né?

1 – "Singular", Anavitória

2 – "Everything", Michael Bublé

3 – "If I Ain't Got You", Alicia Keys

4 – "Chuva de arroz", Luan Santana

5 – "In the Morning", Mallu Magalhães

6 – "Pra sempre com você", Jorge e Mateus

7 – "Tão feliz", Marcos e Belutti

8 – "Closer", The Chainsmokers (ft. Halsey)

9 – "Vício", Manu Gavassi

10 – "Quando fui chuva", Maria Gadú

11 – "Medo bobo", Maiara e Maraisa

12 – "Me espera", Sandy (ft. Tiago Iorc)

13 – "Pense em mim", Cheiro de Amor

14 – "One and Only", Adele

15 – "Beautiful Thing", Grace VanderWaal

O FORA

Eu já passei e acredito que todo mundo já passou por uma situação parecida com esta: você reúne toda a coragem que tem – e que não tem –, abre a boca e fala pra pessoa dos seus sonhos que gosta dela. E aí... BOOM 😫! Nem sabe como conseguiu reunir a coragem que precisava para isso, mas foi lá e falou!

Pode ser que ele corresponda ao seu sentimento, e fico muito feliz por você, de verdade! Maaasss nem sempre as coisas funcionam desse jeito, e é quando vem o famoso "FORA".

Levar um fora faz parte da vida, já aconteceu comigo, com a Gisele Bündchen e até com os meninos do One Direction. É um fato da vida e você vai sobreviver. Mas acho que o mais importante é não deixar que isso defina você ou a sua vida. Nossa vida não pode girar em torno de homem, galera! Você tem qualidades além daquilo que está por fora, além daquilo que é superficial.

Tem coisas na vida pelas quais precisamos passar, mesmo que seja doloroso.

É importante entender o que aconteceu, aprender com a experiência, erguer a cabeça e seguir adiante. Aquele pode não ter sido o momento certo para você ou para a outra pessoa. Pode ser que ele já goste de outra menina, pode ser que ele não esteja tão a fim de você, pode ser que ele não seja a pessoa certa para você... Enfim, o importante é você descobrir o seu próprio valor no meio de tudo isso e seguir adiante, mantendo a autoestima e não sofrendo mais do que o necessário. A vida continua, e posso garantir que você vai se apaixonar novamente (quem sabe não seja o momento certo para distrair a cabeça se dedicando a aprender um novo idioma, tocar um instrumento ou dar aquela passada na academia e cuidar de você mesma).

Tem gente que fica abatida, desolada e sem saber para onde ir depois de um fora, mas isso não pode durar muito tempo... O mundo vai continuar girando e ninguém vai morrer por causa disso.

O fora só machuca quando você dá a ele esse poder.

É como com as outras coisas da vida, elas machucam na intensidade que você permite. Sabe aquela música "I Will Survive", da Gloria Gaynor, que seeeempre toca em fim de festa? Então, acho que ela tem as palavras perfeitas para quem acabou de levar um fora e precisa se levantar e encarar a vida.

Você pensou que eu ia desmoronar?
Você pensou que eu
deitaria e morreria?
Oh, não, eu não!
Eu vou sobreviver!
Enquanto eu souber amar,
Eu sei que eu vou viver,
Eu tenho toda minha
vida para viver,
Eu tenho todo o meu
amor para dar

Acho que é exatamente como a música diz: "Você vai sobreviver". Sem piti, sem drama. Levar um fora não quer dizer que você seja desinteressante ou coisa parecida, o mais importante é entender que não é isso que te define.

Não estou dizendo em momento algum que você não deve ficar triste, chorar ou ficar amuada durante um tempo, mas acho que a mensagem é que *você precisa sempre se colocar em primeiro lugar*. Não permita que a sua felicidade e a sua vida dependam de outra pessoa. Você precisa se cuidar, manter a cabeça erguida e nunca se sentir derrotada. Se você encontrar a pessoa na rua ou numa festa, seja educada e aja tranquilamente – um fora não significa que vocês não possam continuar amigos.

Então, se você levar um fora, respire fundo e lembre-se:

VOCÊ VAI SOBREVIVER.

Pequena magia para se livrar do falecido

PASSO UM:

Coloque o nome da pessoa no cantinho desta página.

PASSO DOIS:

Rasgue. Sim, RASGUE o cantinho do livro.

PASSO TRÊS:

Jogue na privada e dê descarga.

PASSO QUATRO:

Viva a sua vida.

PRIMEIRO
encontro

O QUE VOCÊ PRECISA DESCOBRIR SOBRE ELE?

Você criou coragem que nem sabia que tinha e conseguiu se declarar. E melhor ainda: ele correspondeu ☺! (UFA!!!).

Provavelmente você vai ficar se perguntando o que vestir e que maquiagem usar no primeiro encontro, mas acho que devemos ser nós mesmas. Vista-se de modo que você se sinta confortável e bonita. Uma dica legal para esse primeiro encontro é pegar leve no batom. Pode rolar o primeiro beijo e você não quer deixar o cara todo borrado e acabar com sua maquiagem. O batom nude é tiro certo 👄.

Vale lembrar que o primeiro encontro nem sempre é como vemos nos filmes – um jantar em algum lugar chique e romântico. Talvez vocês apenas deem uma volta no shopping, tomem um sorvete, vão ao cinema... ou talvez se encontrem em algum lugar depois da aula.

Mas ainda assim é um primeiro encontro. E eu sei: dá um frio na barriga! Esse é o momento ideal para você conhecer melhor alguém com quem poderá começar um relacionamento. Na internet ou em situações onde outras pessoas estão presentes, não conseguimos conhecer totalmente o outro. Agora, a sós, é a hora.

Descobrir seus gostos em comum será o principal objetivo das conversas. Será que ele tem um hobbie? O que ele quer fazer da vida no futuro 😉? Mas tente pegar leve, sem tentar se aprofundar muito nas coisas, para se preservar. Espere um pouco para ver qual é o interesse dele em você.

Não sei o que falar! E agora?

Caaaaalma! O que a gente já conversou? Seja confiante! Sempre rolam assuntos em comum! Se vocês não gostassem das mesmas coisas e não fossem pelo menos um pouquinho parecidos, esse encontro nem teria acontecido. Não se preocupe muito. O encontro é justamente um momento descontraído, de conhecimento e descoberta, tanto para você quanto para ele.

Você fuçou o Facebook dele, certo 😜? Vocês já conversaram? Use essas estratégias para encontrar assuntos, ou então seja direta: diga qual é sua banda favorita, ou que já assistiu ao filme X. Quem sabe ele ainda nem conhece a banda ou viu o filme, e rola até uma oportunidade de vocês assistirem juntos ou de combinarem de trocar playlists pela internet. Falar de um jeito descontraído funciona também; se os dois estão ali é porque gostaram um do outro. Com certeza vão ter muito assunto 😍!

O dia seguinte

(Música de suspense) Lá vem o tão temido "dia seguinte".

Sou dessas que até sonho com a pessoa se tive um encontro incrível! Dá aquela sensação de frio na barriga e nem sempre sabemos o que fazer. *Como foi o encontro? Foi legal? Você acha que ele curtiu?*

Se as coisas não foram muito bem, talvez você deva esperar um pouco para ver se ele entra em contato, ou então mande apenas uma mensagem descontraída sobre o encontro.

Mas se as coisas foram bem... vou te dizer o que *não* fazer: ficar esperando uma resposta dele. Tome a iniciativa e envie uma mensagem. No privado, é claro. Agradeça pelo passeio e diga logo que se divertiu muito. Dependendo do que ele responder, já pode até marcar um segundo encontro.

Mas tome cuidado com as redes sociais. Não seja muito romântica nem fofa com ele em público, nem poste nada sobre vocês dois *ainda*. Vai que ele não quer nada sério...

NÃO SE DEIXE LEVAR PELAS APARÊNCIAS

Sabe aquela coisa de não julgar um livro pela capa? Pois é... Com pessoas é a mesma coisa, só que mais grave, é claro, já que somos mil vezes mais complexos do que um livro. Temos sonhos, desejos, medos, anseios, alegrias e tristezas...

Vivemos num mundo que gira em torno de aparências. Não apenas físicas, mas também em relação à impressão que as pessoas querem passar, que nem sempre condiz com a realidade. E devemos aprender a nos blindar dessas mentiras visuais e a dar chance para um amor verdadeiro entrar na nossa vida.

Claro que a gente sempre vai olhar para aquele garoto bonito de forma mais interessada e talvez nos aproximemos de alguém simpático com mais facilidade. Mas será que isso tudo não é apenas uma fachada, e por dentro se esconde alguém mal-intencionado e nem tão bacana assim?

Como saber? Não temos como descobrir num primeiro momento, e é aí que mora o perigo. Por isso, precisamos abrir o olho e estar sempre alertas para não nos deixarmos levar por um rostinho bonito.

Existem garotos de todos os tipos e aparências, e sem conhecê-los direito fica complicado saber se vale a pena investir, se eles vão nos respeitar pra valer ou não.

Nem todo garoto fica com a gente por amor, e muitos deles estão preocupados apenas com o próprio abdômen.

ENTÃO, PREPAREI UMA LISTINHA DE COISAS A QUE DEVEMOS FICAR ATENTAS.

Se o garoto em que você está interessada faz alguma dessas coisas, é bom ficar esperta. O príncipe encantado pode ser na verdade um sapo. E, nessas horas, estar sozinha é mil vezes melhor do que estar mal acompanhada.

Ele é legal com você e com seus amigos, mas trata mal a pessoa que trabalha na casa dele e não é educado com funcionários em restaurantes.

Alerta máximo! Se ele é legal com você, mas trata mal os outros, fique de olho! Ele pode estar apenas tentando te seduzir, mas com os outros deixa fluir sua verdadeira natureza. Busque alguém que seja bom e educado com todos!

Ele fala mal de outras garotas baseado na aparência delas.

Ai, ai, ai, que furada! Além de ser um garoto que só pensa em aparências, ainda fala mal de outras meninas. Isso, além de um grande sinal de insegurança, também pode mostrar a futilidade que existe por atrás do rosto bonito. E se ele fala mal delas, um dia pode falar mal de você.

Ele não se preocupa com o que você gosta.

Se ele sempre quer fazer apenas a vontade dele, como ir somente aonde ele gosta, ver filmes e ouvir músicas sem pedir sua opinião, pode ser que ele não esteja tão preocupado com você. Um relacionamento é feito de parceria, e os momentos em que vocês estão juntos devem ser uma troca. Cada um deve ceder um pouco em seus próprios desejos e gostos, deixando a relação mais equilibrada.

Ele esconde muitos segredos ou não parece querer que você vá até a casa dele e conheça seus pais.

Ele tem um motivo verdadeiro para fazer isso ou será que está escondendo alguma coisa? Em um namoro deve haver cumplicidade! Você precisará confiar nele para que o relacionamento dê certo, e se ele logo no começo já esconde várias coisas de você... é um grande alerta vermelho!

Ele sente ciúmes em excesso.

Ciúme faz parte e às vezes é até bom – pode ser um sinal de que a pessoa realmente se importa com você. O ciúme pode vir por vários motivos: medo, insegurança, trauma de experiências passadas... Mas se for excessivo a ponto de ele não te deixar sair com suas amigas, ou de invadir sua privacidade – mexer em seu celular e mensagens –, tome cuidado. Devemos ter liberdade em um relacionamento, e ninguém tem o direito de ditar nossa vida nem de invadir nosso espaço. Talvez seu tempo seja melhor aproveitado ao lado de amigos ou de um outro cara que te respeite e confie em você.

O PRIMEIRO BEIJO

Ixi! 😚 Aqui o assunto fica complicado. Primeiro beijo é uma coisa que pode ser tanto o céu quanto o inferno – e o meu se encaixa na segunda opção. De qualquer forma, você vai se lembrar do seu primeiro beijo pelo resto da vida. Chorando ou rindo, você sempre vai se lembrar de como foi a primeira vez em que seus lábios encontraram os de outra pessoa.

Eu acho que o primeiro beijo é um momento muito importante na vida de qualquer pessoa. É quando você começa a se descobrir, a expor seus sentimentos e a sair do conforto e da segurança de casa. É quando você enfrenta seus medos e aceita fazer o inesperado (pelo menos até então). Muitas pessoas dão o primeiro beijo com 11 ou 12 anos de idade, outras com 15 ou 17, não importa. O importante é você sempre saber quando é a *sua* hora e a *sua* vez.

Eu me lembro direitinho do meu primeiro beijo. Eu tinha 12 ou 13 anos e foi com um menino que chegou em mim. Foi no prédio de uma amiga (que também estava ficando com um outro menino, então meio que estávamos "combinadinhos" e tal). A verdade é que fiquei muito nervosa e com medo daquilo tudo, mas não queria deixar transparecer para ninguém e acabei indo em frente. Não foi, nem de longe, a melhor experiência do mundo. Tudo o que podia dar errado deu. Pra mim, aquela não era a hora, e até hoje tenho um certo "trauminha" ao lembrar.

O primeiro beijo nunca deve ser uma coisa forçada, que você faz só para não ser a única BV (boca virgem), ou porque algum garoto insiste demais, sabe. Precisa ser algo que você faz porque está a fim, porque é a sua vontade e porque você se sente preparada para aquilo, sem ninguém para empurrar ou dizer que você *tem que* fazer.

Hoje em dia as pessoas acham que tudo precisa acontecer rapidamente, mas acredito que cada um encontra o seu ritmo aos poucos, e beijar antes ou depois dos 15 não muda quem você é nem torna você mais ou menos importante.

Lembre-se: em todo relacionamento, pelo resto da sua vida, o mais importante é se sentir confortável, sentir que está no controle e que existe uma relação de igualdade entre vocês dois, em que ninguém é melhor ou pior que o outro, e que tanto você quanto ele realmente desejam aquilo que está acontecendo. É assim que deve ser um primeiro beijo (bem, pelo menos *eu* gostaria que o meu tivesse sido assim, em vez de uma coisa cheia de dentes e línguas desajeitadas).

Manual do beijo

Não existe manual, o beijo bom é aquele que se encaixa. Lembro da época em que eu ainda não havia beijado, e do medo que eu tinha de ficar com o garoto dos meus sonhos e estragar tudo com um beijo errado. Até que acabei me ligando que todo mundo deve ter esse receio, afinal, precisamos aprender a beijar um dia na vida, e só dá para fazer isso com outra pessoa. Sempre vemos umas dicas bizarras por aí, usando laranjas e copos com gelo, mas gente, boca é boca, fruta é fruta.

E será que existe beijo errado 😚? Não... O que pode acontecer é duas pessoas beijarem de forma muito diferente, e pode levar um tempinho até os beijos se sincronizarem. Beijar é algo natural, mas nesse encontro de duas bocas, existem algumas coisas que podemos fazer para melhorar a experiência.

SINCRONIZE

Como eu já disse, no começo os beijos estarão meio sem sincronia, mas não adianta cada um ficar insistindo no *seu próprio* jeito de beijar. Encontrem um meio-termo até descobrirem a harmonia perfeita. Para isso, vocês terão que se beijar bastante, então será um ótimo exercício. Cada minuto de beijo gasta em média 26 calorias!

NÃO USE APENAS A BOCA

Um beijo perfeito não deve ser dado apenas com a boca. Você pode – e deve – usar as mãos, o rosto, o olhar... E a boca não é apenas a língua, mas também os lábios e até os dentes, tudo pode ser usado. Só não vá arrancar pedaços do garoto com mordidas!

CONTROLE A VELOCIDADE

Para que ter pressa? Não precisa beijar super-rápido, como se fosse a Cinderela que vai virar a gata borralheira em poucos minutos. Beije com calma, usando todo seu corpo, fazendo carinho e encontrando o ritmo certo.

NÃO TENHA A LÍNGUA TÍMIDA

Algumas pessoas, por medo de beijar errado, quase não usam a língua na hora de beijar, e isso pode ser um pouco frustrante. Eu já tive péssimas experiências onde um beijo virou um "caça à língua". Juro, foi horrível, parecia que eu estava beijando um buraco negro!

Não tenha medo de experimentar coisas diferentes.

CRIATIVIDADE

Talvez você tenha encontrado uma forma confortável de beijar, uma sincronia e um ritmo que deram certo. Mas não precisa fazer sempre a mesma coisa. Não tenha receio de se surpreender e surpreender o outro com uma mordidinha, uma mudança no ritmo, um carinho ou cochicho no ouvido.

CHUPÃO

Na minha humilde opinião, o chupão é péssimo (apesar de nunca ter levado/dado um). Não acho que seja uma coisa legal de se fazer, e, pra mim, há outras maneiras melhores do que parecer uma sanguessuga 😟.

HÁLITO

Tem gente que tem mau hálito e nem sabe. Pois é, acontece, e é algo supercomplicado de lidar. Carregar um chiclete refrescante nessas horas é ótimo, tanto para você quanto para oferecer, como quem não quer nada... Eu sou um caso à parte por ser viciada em chiclete, mas acho esse um dos pontos fundamentais, junto com a higiene bucal, claro.

Tipos de beijo

Beijo melado: Ui! Beijo com excesso de saliva, dá até um certo nojo em algumas pessoas, mas deve ter gente que gosta. Particularmente, acho péssimo!

Olhos abertos: Quando o casal troca olhares enquanto se beija. Mas também não vá sair beijando o menino de olho aberto, olhando a paisagem a sua volta! Pra mim, o beijo de olhos fechados ainda é a melhor forma.

Beijo técnico: Beijo que não usa a língua, usado em gravações de filmes, novelas e seriados. (Ou quando você fica procurando a língua do rapaz e ele não reage, haha. No caso pode ter o nome de "buraco negro" também! Kkkkk...)

Beijo lagartixa: É quando um dos parceiros passa a língua no olho do outro. Pois é, cada um com suas loucuras, né?

Beijo helicóptero: É quando o parceiro gira a língua na boca do outro rapidamente, igual a uma hélice.

Beijo de língua mole: Quando o parceiro parece até que está com má vontade de te beijar. Beija direito, meu filho!

Beijo aspirador de pó: Quando o parceiro suga a boca do outro e você sente até sua alma saindo pela goela.

Beijo com o dente: Quando os dentes se chocam durante o beijo. Ai!

Beijo Matrix: Quando o parceiro beija empurrando o seu corpo para trás e você tem que usar tudo o que aprendeu em Matrix para não levar um tombo.

Beijo sopa de cebola: Esse é um dos piores! Vocês resolvem sair para jantar e ele pede uma deliciosa sopa de cebola... Ai, ai, ai. Espero que você goste de bafo de cebola, haha.

Beijo perfeito: É aquele beijo supersincronizado, que parece que suas bocas foram feitas uma para a outra. Te lembra seu chocolate preferido e você quer ficar ali para sempre! ♥

FICANDO NAS REDES SOCIAIS

INSTAGRAM

Não precisa curtir *tooodaaaas* as fotos que a pessoa postar. Um like, uma stalkeada ou até mesmo um comentário sutil faz, sim, toda a diferença, mas às vezes comentar no WhatsApp sobre uma foto (não todas) que a pessoa postou e você achou legal pode demonstrar que você o acompanha e está interessada no que ele posta (melhor do que uma chuva de likes). Esteja presente e, quando puder, mostre isso. Aproveite que esse é um momento perfeito para as indiretas, legendas mais ousadas, frases que mostrem que está apaixonada ou vivendo um momento especial. Caso tenha feito amizade com algum dos amigos dele, este é um bom momento para começar a segui-los e estreitar o relacionamento para um futuro mais promissor. Mas sempre *com calma!*

Sobre postar fotos com ele: talvez ainda não seja o momento, já que você ainda não sabe para onde o relacionamento está caminhando, nem entendeu perfeitamente quais as intenções dele. Se tiver alguma foto com vários amigos e ele no meio, aí sim rola de postar. E sobre os familiares dele: não os adicione ainda. Nessa etapa é bom se preservar, até para evitar muita frustração caso a relação não evolua. (Lembra do que eu falei sobre ter o pé no chão, né?)

FACEBOOK

Caso tenha feito amizade com pessoas do universo dele, é um bom momento para adicioná-las. Mas não adicione as pessoas que você não conheça muito bem.

É um bom momento para usar um status como "sentindo-se muito feliz" (ainda mais se passaram o dia juntos) e deixar no ar... Sem escancarar a situação para ninguém!

TWITTER

Comente os tweets e retweets dele, mas cuidado para não floodar a timeline do rapaz e a sua. Lembre-se: ninguém gosta de quem faz flood!

PARTE 3

Namoro

Quando me sinto só
Te faço mais presente
Eu fecho os meus olhos
E enxergo a gente.

"TE VIVO" – LUAN SANTANA

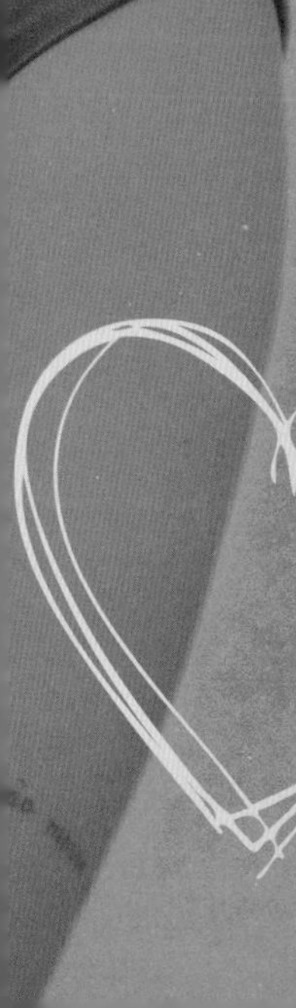

QUANDO AQUELA FICADA VAI FICANDO MAIS SÉRIA

Hmmmmm... É tão gostoso esse sentimento, não é 😍?! No início, quando você fica com um garoto pela primeira vez, nem você nem ele sabem direito o rumo que o relacionamento vai tomar. Talvez vocês estejam apenas se divertindo e curtindo a noite, ou talvez sintam algo especial um pelo outro.

À medida que as ficadas vão se repetindo e a coisa vai se tornando mais séria, já começamos a ficar com dúvidas sobre o que somos do garoto e o que devemos a ele. Será que devemos falar alguma coisa? Será que podemos ficar com outras pessoas? A melhor – e única – forma é sentar e conversar. ~~Achismo~~ não leva a lugar nenhum, e o diálogo leva a todos.

Caso essa ficada evolua para um namoro firme, é bom que exista honestidade e abertura para conversas desde o começo, que são fundamentais para se manter um relacionamento saudável.

Ficar "sério" é quando começamos a nos abrir, a confiar ainda mais na outra pessoa, a compartilhar sonhos, medos e preocupações. É quando você não precisa "atuar" na frente da outra pessoa, mostrando apenas o seu "melhor lado". Ou seja, é quando um relacionamento de verdade começa a se formar entre vocês 😉.

Quando estamos na época da paquera, tudo é um pouco superficial ainda, tomamos muito cuidado com o que falamos para não cometer nenhum deslize, escolhemos muito nossas roupas... Mas com o tempo as coisas mudam. Isso não quer dizer que ficamos desleixadas. O que acontece é que o interior fica bem mais visível e começamos a conhecer todos os defeitos e as qualidades da pessoa com quem estamos. Percebemos que *ninguém é perfeito*, e é nessa hora que vamos aprendendo a lidar com nós mesmas e com nosso parceiro.

Não tenha medo de conversar, expor seu ponto de vista, seus sentimentos e de mostrar que você sabe muito bem o que deseja 😘.

INDECISA ENTRE DOIS GAROTOS...

Quem nunca? Mas olha, se já é difícil achar um garoto para chamar de seu, imagina encontrar DOIS ao mesmo tempo e perceber que os dois têm chances de ser seu namorado? Não é nada fácil! Mas realmente pode acontecer com muitas de nós, e nessas horas é um desespero só para entender o que está acontecendo.

Nos filmes, livros e seriados que a gente assiste, essa situação é supercomum. Quem não se lembra de *Crepúsculo* (eu era muito fã e tô amando usar como exemplo agora, hahaha 😂) e a eterna indecisão da Bella entre Edward e Jacob, que no final percebe que o que sente pelos dois são coisas diferentes? Ou então, a história complicada de Katniss, Gale e Peeta de *Jogos Vorazes*? (Afff, eu também era fã demais e já namorei o Peeta sem ele saber 😛.)

Mas vamos lá, voltando... Os exemplos são inúmeros e ótimos para ilustrar o que acontece na vida real, já que muitas vezes, no final, os sentimentos de verdade transbordam e essas personagens são capazes de enxergar a diferença entre o amor e a admiração.

É muito comum nós nos sentirmos extremamente confusas nessas horas, e pode demorar um pouco até termos experiência suficiente para *entender o que nossa mente e nosso coração falam*.

O principal é perceber a *diferença entre "amar" e "gostar/ter atração"*. O gostar/ter atração pode englobar muitas coisas. Pode ser uma amizade mais forte, pode ser admiração ou um encantamento que não precisa necessariamente se transformar em amor. Mas o "gostar romântico" é tudo isso e um pouco mais.

Nessas horas, além de confusas, também é muito comum ficarmos com medo de que nossas dúvidas e receios acabem nos fazendo perder os dois garotos, e, por isso, é bom nos mantermos confiantes para que nossa frustração não destrua as chances de ficarmos com um deles. A nossa autoestima e o nosso autoconhecimento têm um papel superimportante nessas horas, e é bom ouvirmos nosso coração, mas também a voz da razão.

É bom tentarmos analisar nossos sentimentos de forma mais fria e distante, menos emocional, por mais difícil que isso seja. Assim fica mais fácil entendermos o que está se passando na nossa cabeça. Pensar com carinho em como nos sentimos com cada garoto e em como esses sentimentos se diferem.

Aí só será complicado se depois de toda essa avaliação você perceber que sim... gosta mesmo dos dois. Não é apenas admiração ou amizade. Você *gosta* deles.

Um bom exercício pode ser fazer uma lista dos prós e contras de cada um deles. Parece que estamos tratando os garotos como peças de roupa, mas não é nada disso. É algo que pode realmente nos ajudar a tomar uma decisão e entender melhor o que sentimos por cada um.

Aí, o que acontece depois é com você, mas devemos ser sinceras não apenas com nós mesmas, mas também com os dois garotos. Na cabeça de algumas garotas talvez até possa parecer legal ficar com os dois, mas tenho certeza de que não gostariam que fizessem isso com elas, não é? Honestidade acima de tudo!

E se no fim das contas você escolher um dos meninos e tudo der certo, não menospreze ou acabe com a amizade com o outro garoto. Lembre-se de que nunca sabemos o dia de amanhã...

Checklist: como ele é?

( ) Ele se esforça para ser uma pessoa melhor para você.

( ) Ele demonstra, com pequenos gestos, o quanto gosta de você.

( ) Ele não mente sobre os lugares que vai nem esconde com quem estava.

( ) Ele não faz joguinho e demonstra todo o interesse que tem por você.

( ) Ele te aceita do jeito que você é, sem tentar mudar sua personalidade.

( ) Ele faz a parte dele nas tarefas domésticas quando vocês passam o dia juntos em casa.

( ) Ele participa com você de eventos familiares, ou te acompanha em momentos chatos do dia a dia.

( ) Ele é honesto, conversa com você e se abre.

( ) Ele te respeita e não te coloca em situações constrangedoras ou arriscadas.

( ) Ele te ouve e se importa com o seu dia a dia.

( ) Ele se preocupa com você, e faz questão de preservar sua segurança.

( ) Ele não implica com suas roupas, maquiagem ou cabelo.

( ) Ele gosta de passar o tempo livre com você.

( ) Ele te assume em público, sem esconder que estão juntos.

( ) Ele te inclui no círculo de amizades dele.

( ) Ele te leva para conhecer a família dele.

( ) Ele está disponível para te ajudar quando você precisa e não te abandona em momentos difíceis.

( ) Ele conversa com você sobre o futuro.

( ) Ele deixa você ter o *seu* espaço e não invade a sua privacidade.

( ) Ele não quebra as promessas que faz a você.

( ) Ele está comprometido a fazer o relacionamento dar certo.

A FICADA VIROU NAMORO OFICIAL

E aí aconteceu! *AH MULEQUEEEEEEE*! (Entendam isso como expressão de felicidade intensa kkkk.)

Vocês finalmente estão juntos REAL OFICIAL e está na hora de contar para o mundo (ou não, e já falo o porquê).

Faça isso no seu tempo e comece contando para os amigos mais próximos e depois para a família – preparando o terreno para a parte mais difícil. Só cuidado pra não expor demais, ainda mais nesse começo. Vocês até podem já ter uma certa intimidade, mas inveja e pessoas maldosas existem, e fofocas podem não ser tão bem-vindas. Lembre-se de sempre ir com calma em todas as fases, mesmo agora que já começaram o namoro.

Tornar o namoro oficial envolve muita coisa, como conhecer familiares e passar pelos dramas de não fazer feio na casa do seu amor. O início pode ser complicado e cheio de timidez (no meu caso fico até vermelha e já cometi várias gafes de nervosismo, kkk 😂), mas isso passa e tudo fica mais fácil depois, eu juro!

Quando for anunciar nas suas redes sociais, tome cuidado para não ficar uma coisa "melosa" demais e para não encher a timeline dos seus amigos. Uma foto com uma boa legenda já diz muita coisa, e rola até aquela legenda mais curta mas com a frase certa. Uma dica é *não fazer muitas juras de amor nas redes nesse início* (pra depois não ficar feio se for um namoro relâmpago! Não preciso lembrar que eles existem, né? Kkkkkk...).

Enfim, o principal de tudo isso é aproveitar o momento e curtir o namoro de VOCÊS.

Mais uma vez:

O NAMORO É DE VOCÊS!

Não deixe ninguém se intrometer. O foco do relacionamento é entre duas pessoas, e só!

NAMORO NAS REDES SOCIAIS

INSTAGRAM

Agora sim é a hora de assumir (se quiser e se estiver confortável) e ser fofa com seu namorado... *É um bom momento* para postar fotos bacanas e frases que remetam ao seu amor e marcá-lo, sendo carinhosa e romântica.

Fotos dos dois juntos em momentos especiais, um beijinho, sorrindo... Mas sempre dando um tempo entre uma foto e outra para você não virar "a chata do namoro" que posta o dia a dia com o namorado.

Cuidado para não postar coisas como "ele é o homem da minha vida", "nós vamos casar e ter filhos". Isso pode espantar qualquer garoto, principalmente se ele for muito jovem! Ainda é cedo, e mesmo que vocês tenham esse tipo de conversa, isso é algo para manter só entre os dois. É bom nos preservarmos enquanto ainda não sabemos o rumo do relacionamento. *Não sabemos o dia de amanhã!*

Então espere até a relação tomar um rumo onde os dois queiram sonhar juntos e seja a hora certa...

Além disso, vem aquele outro ponto que falei antes, o de evitar expor TAAAANTO o seu relacionamento. Nada de fotos beijando loucamente ou aqueles textões chatíssimos contando cada detalhe da vida e dos momentos de vocês, com datas e horários. *Isso é uma coisa de vocês.* Se você tem algo importante para dizer pra ele, é muito mais legal enviar uma mensagem no WhatsApp ou deixar aquele bilhetinho especial no quarto ou carro dele.

É tão bom ter alguém como você na minha vida. ❤

3 meses, 15 dias e 8 horas de namoro!!! Você é o homem da minha vida, mozão linduxoôO!!!

FACEBOOK

Agora é um bom momento para adicionar os amigos e os familiares dele que você for conhecendo. Mas não fique comentando incessantemente as fotos deles, isso é chato quando a relação ainda está no começo... E sim, seu status pode mudar para "Em um relacionamento sério". Ebaaa! Não precisa esperar que ele mude primeiro! Se estão namorando oficialmente, isso deve ser motivo de orgulho. Pode comentar as fotos dele à vontade, afinal... ele é *seu* namorado!

Facebook de casal 😍? Não é muito legal, né 😬? Ainda mais porque você tem a sua vida, e ele, a dele. Cada um deve ter a sua conta e a sua privacidade. Acho melhor demonstrar seu amor de outra forma.

Ah! E lembre-se de que as redes sociais não foram feitas para discutir relacionamento e nem descontar algo com aquela indiretinha para o seu namorado. *Nunca* comente em fotos que não gosta ou exponha algum problema que você teve ou tem com ele. Isso é para ser resolvido em particular. Alguma garota comentou algo que te deixou com ciúmes? Converse com ele.

Dicas rápidas

CHEGOU A HORA DE CONHECER A FAMÍLIA:

Pode até soar repetitivo, mas *seja você mesma e não tente impressionar ninguém*. Se o garoto se apaixonou por você, tenha certeza de que a família dele também vai gostar de você pelos mesmos motivos. Mostre para eles aquilo que fez o seu namorado gostar de você.

COMO CONCILIAR NAMORO E ESTUDO/PROFISSÃO:

Namorar é importante, mas estudar/trabalhar também, por isso, *aprenda a conciliar as coisas*. Administre bem o seu tempo para conseguir estudar, trabalhar e cuidar da sua vida escolar/profissional e ainda ter tempo com seu namorado. Você cria o seu próprio tempo, sendo eficiente onde pode e mantendo tudo em ordem. E se você não conseguir ver o seu namorado durante a semana, tudo bem, o fim de semana está logo ali na frente.

A PRIMEIRA VIAGEM JUNTOS:

A primeira viagem é um ponto muito importante no namoro, por isso, se prepare bem. Escolha o destino com antecedência, faça suas malas sem pressa e uma lista com todas as coisas que podem ser úteis. Você não quer que a falta de um desodorante estrague suas férias dos sonhos, kkkkk.

CONCILIANDO AS DATAS FESTIVAS:

Onde passar o Natal? Com a família dele ou com a sua? Datas comemorativas costumam ser complicadas para um casal, por isso, procure negociar com ele antecipadamente. Tente revezar os feriados, passando cada data com uma família. Nem tudo precisa virar drama, basta organizar direitinho.

BRIGADEIRO = AMOR ETERNO

Aquela máxima de conquistar um amor pelo estômago funcionava na época dos nossos avós e continua funcionando hoje. Não é nem pela comida, mas sim pela atenção e pelo carinho que demonstramos com esse gesto.

Brigadeiro é uma coisa que todo mundo gosta (eu AMO ❤!), além de ser simples o bastante para não fazer você parecer muito doida por atenção. Mas esse não será um brigadeiro qualquer, igual ao de festa de criança. É uma receita especial para fazer seu amor se lembrar de você sempre que for comer brigadeiro, e pensar que o seu é muito mais gostoso. Afinal, o brigadeiro já é um doce que nos desperta um sentimento de nostalgia, então nada melhor que aproveitar esse sentimento e fazê-lo pensar em você.

A maioria das receitas de brigadeiro são idênticas, mas um dos principais segredos é escolher um bom leite condensado e – o grande truque – usar chocolate em barra, em vez de em pó. Ah, e fazer com carinho e embalar de forma especial, não podemos esquecer! Vamos lá:

VOCÊ VAI PRECISAR DE:

- 1 panela pequena, de preferência daquelas que não grudam;
- 1 lata de leite condensado;
- 8 colheres de sopa de um delicioso chocolate ao leite em raspas;
- 1/2 colher de sopa rasa de manteiga sem sal;
- Confeitos para enfeitar: você pode usar castanhas trituradas, raspas de chocolate, confeitos em forma de coração... Talvez até fazer cada brigadeiro com um tipo diferente;
- Forminhas fofas para acomodar os brigadeiros;
- Playlist da página 76.

Coloque a playlist para tocar enquanto prepara os brigadeiros para colocar todo seu carinho nos doces. Separe um prato fundo ou vasilha e unte bem de leve com manteiga. Bem pouquinho mesmo, só para não grudar tudo.

Em uma panela coloque todo o leite condensado e misture o chocolate e a manteiga, mexendo delicadamente.

Leve em fogo baixo e mexa sem parar, para que não queime. Aqui não tem muito segredo: o brigadeiro vai desgrudar do fundo, mudar de cor para um marrom mais escurinho e brilhante e pesar na colher 😛.

Desligue o fogo, despeje o brigadeiro na vasilha untada e deixe esfriar para que crie consistência.

Com uma colher, pegue um pouco, pensando no tamanho que você quer que as bolinhas fiquem.

Lembre-se que elas precisam caber na forminha 😐! Unte suas mãos com um pouco de manteiga e comece a enrolar as bolinhas. Unte as mãos novamente sempre que necessário.

Passe as bolinhas nos confeitos e acomode os brigadeiros prontos nas forminhas.

Agora é só guardar em uma caixinha e levar para ele 😍. Você também pode escrever uma cartinha, se estiver se sentindo segura. Se estiver muito insegura, pode levar brigadeiros para todos os seus amigos, mas dê uma indireta pra ele, entregando mais brigadeiros, ou os maiores, ou os com confeitos mais bonitos.

QUANDO AS COISAS ESQUENTAM

Depois de tanto praticar seus beijos com as dicas que eu dei, é bem possível que chegue um momento em que as coisas esquentem bastante. Não se sinta culpada ao curtir isso, é totalmente normal. Mas você deve pensar com carinho e não ter medo de conversar com o garoto sobre seus limites, sobre o que você está pronta ou não pra fazer 😇.

Seu corpo, suas regras.

Talvez você ainda não tenha certeza se está pronta para o próximo passo, para algo mais quente. Se você está com dúvidas, é sinal de que precisa estar certa daquilo que realmente deseja, frear as coisas e ir com calma, sem pressa de se descobrir.

Caso você não se sinta confortável com *mão-boba*, por exemplo, deixe isso claro, e observe se o garoto te respeita. Não deixe que ele avance o seu sinal vermelho, e se ele insistir, imponha limite e lembre a ele que o respeito é fundamental. Maaaaas, se estiver tudo bem entre vocês dois, aproveite esses momentos de paixão.

Não tenha medo de conversar com suas amigas ou com um adulto, como seus pais ou algum especialista... Tratar nossa sexualidade de forma natural é a melhor maneira de nos prevenirmos contra situações nas quais não gostaríamos de estar.

RELACIONAMENTO CONECTADO!

Imaginem, quase não passo muito tempo conectada em várias redes sociais, bobagem 😅! Eu não poderia deixar de falar um pouquinho das relações on-line com vocês, já que é algo supercomum hoje em dia.

E não falo apenas de alguém com quem você quer algo a mais. Grandes amigos também podem aparecer dessa forma. Esse mundão é tão grande (muito mesmo) que, algumas vezes, pessoas incríveis que têm tudo para serem nossas amigas podem estar lá longe, mas ao mesmo tempo a apenas um clique de distância.

E claro, se amizades são possíveis, amores também são. *Lembra que eu já falei sobre isso, né?* Quero só lembrar a vocês que todo cuidado é pouco, e o que mais tem na internet são perfis fakes. Até hoje recebo muitos e-mails e directs de pessoas que contam ter conversado e até se apaixonado por mim por conta de perfis falsos usando minhas fotos. É... isso ainda existe, e tem gente cara de pau a ponto de marcar encontro! Já li casos de pessoas que mantiveram contato por meses até achar meu perfil oficial e descobrir que foram enganadas... Complicado 😐!

Maaaas, nem tudo está perdido. Eu, por exemplo, conheci (e ainda conheço) muita gente através desse mundo virtual! E não só amigos: já encontrei pessoas interessantes e pessoas interessantes já me encontraram por lá.

Tem o lado ruim, mas também tem gente que mantém até namoros on-line! Namoros a distância nunca serão fáceis, e com certeza são o tipo de relacionamento que mais traz dificuldades para o casal. A distância traz liberdade e permite um espaço pessoal muito grande, mas também deixa uma saudade que pode doer muito.

AÍ É SÓ ABUSAR DE TODAS AS FERRAMENTAS DO MUNDO MODERNO: WhatsApp, Facebook, Twitter, Snapchat, conversas intermináveis pelo Skype, muitas ligações e, claro, por que não viagens.

Vários relacionamentos incríveis começaram assim, e é legal nos mantermos abertas a essa possibilidade. Nem sempre o amor da nossa vida mora na casa ao lado, frequenta as mesmas baladas ou estuda no mesmo lugar que a gente.

A falta de contato físico pode até abalar um pouco suas convicções, mas existem outras formas de manter a chama do amor sempre acesa.

Conversei com algumas amigas que tiveram esse tipo de relacionamento e peguei com elas algumas dicas.

1 Mensagens de bom-dia e boa-noite fazem seu namorado sentir que você se importa e está sempre por perto, apesar da distância.

2 Conversar ao telefone durante atividades comuns, como uma ida ao supermercado, causa a sensação de proximidade.

3 Trocar presentes pelo correio dá um toque mais "físico" a um relacionamento que parece ser feito apenas de conversas pela internet.

4 Jantares românticos são possíveis! É só vocês prepararem o mesmo prato, comerem ao mesmo tempo enquanto conversam via webcam e depois até assistirem ao mesmo filme.

5 Tenha uma poupança para comprar passagens para visitá-lo com a maior frequência possível.

6 Programem férias juntos para recuperarem o tempo separados!

7 Controle o ciúme. Mesmo sendo difícil, não podemos sufocar alguém que está longe.

8 Envie cartas surpresa escritas à mão, e passe um pouquinho do seu perfume no papel.

9 Não tenha medo de assumir o relacionamento com receio de ser julgada por seus amigos e por sua família.

10 Seja forte e tenha confiança em você mesma, nele e no relacionamento.

TRAIÇÃO

Acho que a pior coisa num relacionamento é descobrir que você foi traída. Isso machuca, magoa no fundo da alma e te puxa o tapete. É o momento em que você descobre que aquela pessoa em quem confiava completamente, a quem você se entregou, não se importava tanto assim com você.

E essa é a verdade, por mais dura que seja: essa pessoa *não* gosta o suficiente de você. Acredito que quem ama de verdade não faz isso. Se você está com alguém, espera que essa pessoa seja parceira, confiável, que esteja ali para te ajudar quando as coisas ficarem difíceis. Não existe justificativa para esse tipo de atitude. E acho que é ainda pior quando a pessoa te trai e depois vem com aquele papo de "*eu ainda te amo*". Eu, hein?!

Todo relacionamento vai ter seus altos e baixos; dias de mau humor, cansaço, trabalho, estudo, dor de cabeça. Mas é por isso que precisamos sentar e conversar. Sabe, pode ser que no decorrer desse papo vocês percebam que a coisa não está funcionando e que precisam de espaço, ou que serão mais felizes separados e que é melhor terminar. Esse é o tipo de atitude madura que esperamos de uma pessoa que se tornou íntima e com quem compartilhamos parte da nossa vida. Fico pensando que trair é procurar uma saída fácil e covarde para não lidar com o medo de dialogar. Acredite, eu sei que às vezes é difícil falar com a outra pessoa, mas essa é a melhor opção que você tem.

E o inverso também é verdade... Se alguma vez você se sentir tentada a trair, pense da mesma forma. Você gostaria que isso acontecesse com você? Como você se sentiria? Coloque-se no lugar da outra pessoa. *Você não deve fazer com os outros aquilo que não gostaria que fizessem com você.* Então, se não está dando certo, se tem alguma coisa errada, coloque tudo em pratos limpos e encontre uma solução. Se for para acabar, acabou. E aí você estará livre para procurar um outro amor e viver uma experiência nova com outra pessoa. *Maturidade, gente!*

PARTE 4

Término

Amanhã os nossos caminhos
Nunca mais vão poder se encontrar
Amanhã depois do alvorecer
Você vai compreender que me
perdeu pra sempre.

"AMANHÃ" – CESAR MENOTTI E FABIANO

VOCÊS TERMINARAM. E AGORA?

Como eu disse anteriormente, rede social não é muro de lamentação e nem lugar para lavar roupa suja, portanto, poste foto com as pessoas que ama, com seu bichinho de estimação, com frases positivas, etc.

Se olhar as fotos dele te faz mal, pare de segui-lo. *Ninguém é de ferro e você não é obrigada a nada.* Não fique postando frases que tenham a ver com o término do relacionamento. Nada de trechos de música que falam sobre sofrimento, tristeza ou raiva. Não poste foto com outros meninos imediatamente, tipo uma semana após o término.

Independentemente do que houve na relação de vocês, fazer essas coisas pode não pegar muito bem... Lembre-se de que você tem gente da sua família e da dele adicionada. Não é algo que só ele irá ver.

Se ele não te deixa em paz e escreve coisas sem noção na sua rede, não tenha medo de bloqueá-lo. Mas bloquear amigos e familiares dele pode pegar mal, e se eles não têm nada a ver com a história, não faz sentido. Basta parar de segui-los.

7 dicas para esquecer o cara

1 Passe mais tempo com suas amigas 😻. Elas são o seu porto seguro nessas horas.

2 Coloque em dia aquele seriado. Em situações como essa, Netflix e você são o par perfeito ❤.

3 Comece a praticar um esporte. Quem sabe não é o momento certo para afastar a preguiça 😛?

4 Escolha um destino e faça aquela viagem dos sonhos. Novos lugares, novos horizontes 😘.

5 Escape da dieta se precisar, e aproveite seu chocolate favorito sem culpa 😎.

6 Saia de casa, dance, se divirta e tente se esquecer dos problemas 😂.

7 Se abra para a possibilidade de um novo romance 😍.

O que não fazer se o namoro acabar

- Não se desespere.
- Não ligue e nem mande mensagem para ele no meio da noite quando estiver bêbada.
- Não faça textão no Facebook sobre isso (o mundo não precisa saber de nada).
- Não se rebaixe e nem implore para ele voltar.
- Não se coloque para baixo, pensando que você não vale nada ou coisa do tipo.
- Não deixe que isso te transforme numa pessoa amarga, rancorosa ou vingativa – a melhor vitória é estar bem.
- Não afaste seus amigos nesse momento. O que você mais precisa agora é de pessoas de confiança.
- Não deixe a apatia te dominar, continue vivendo sua vida, faça coisas novas e siga em frente.

QUANDO NÃO É PARA SER

Vocês passeiam de mãos dadas, assistem aos seus filmes favoritos juntos, gostam de comer as mesmas coisas, se encontram nos fins de semana e os pais dele adoram você... Até completam as frases um do outro e estão sempre ouvindo as mesmas músicas e as mesmas bandas. E aí, de uma hora para outra, sem mais nem menos... o amor acaba 👎.

A notícia do término chega de forma inesperada e você não consegue entender *em que momento as coisas pararam de dar tão certo*. Você tenta encontrar um motivo, uma razão para os dias não serem mais tão belos, mas ele está ali, na sua frente, dizendo aquela palavrinha tão dolorida: acabou.

Depois de muito tempo pensando, chorando e perguntando para si mesma – e para as amigas – o que aconteceu, você descobre que o motivo da separação na verdade não importa tanto quanto a sua nova realidade: você agora está sozinha.

Mas, apesar de tudo, lá no fundo, existe algo que talvez você não note nesse momento. Talvez a dor da separação, a angústia e as dúvidas tenham te deixado confusa o suficiente para não notar, mas a vontade de viver, de andar pra frente e fazer diferente está ali, pronta para vir à tona.

Pode parecer bobo para muita gente, mas não devemos ignorar o valor da experiência e o quanto ela é importante em nossa vida amorosa. Os casos de amor que começam na adolescência, viram casamento e duram até a velhice são fofíssimos, mas também raros, e as experiências com términos de namoro vão te preparar para viver relacionamentos cada vez mais fortes, maduros e duradouros.

Com o tempo, as lágrimas secam, nossos olhos começam a enxergar além da paixão e as coisas vão ficando mais claras. O dia que parecia lindo, não era tão belo assim. O garoto perfeito, não era assim tão incrível... As máscaras vão caindo e começamos a enxergar a verdade que antes estava escondida.

E o que resta? A experiência. E todas as experiências são válidas. As positivas e as negativas, já que sem elas não temos como aprender nada. Elas nos deixarão mais preparadas para nossos relacionamentos futuros. Saberemos nos proteger melhor de más influências, de caras não tão legais assim e de situações desagradáveis. Aprenderemos a nos valorizar e também a valorizar as qualidades do próximo; e o mais importante: aprenderemos que cada pessoa tem seus pontos fortes e fracos, suas qualidades e defeitos. Com o tempo, vamos aprendendo a lidar melhor com nossos relacionamentos. Se na adolescência era difícil lidar com determinados hábitos de um namorado, alguns anos depois percebemos que as pessoas são assim mesmo, e que não temos o poder de mudar a forma como nossos amados agem. Aprender a lidar com isso faz parte.

Pense assim: ele com certeza também precisa aprender a lidar com os seus hábitos. Então é um aprendizado mútuo, que vai acontecendo com base em tudo o que vocês viveram até o momento. E é assim que a cumplicidade vai se formando e crescendo cada vez mais entre vocês. Com certeza um casal superentrosado não nasceu assim. Nunca sabemos o que se passa por trás daquele casal perfeito no qual nos inspiramos, mas com certeza, houve muita luta.

Não vou dizer que é fácil, que em uma semana você já vai ter superado o término do namoro e no mês seguinte será a expert do amor. É algo que acontece aos poucos e para o qual não existe diploma. Existe apenas nossa vontade de ficar com aquela pessoa e a sabedoria de que alguns relacionamentos podem ser consertados, já outros, nem tanto.

Então viva ao máximo os dias com aquele garoto especial. Aproveite cada segundo, cada festa, cada beijo, cada abraço, cada passeio de mãos dadas, e saiba que mesmo no futuro vocês não vão se esquecer um do outro, porque sempre compartilharão aqueles momentos e tudo o que aprenderam e viveram juntos.

PARTE 5

Bola pra frente

E a partir de agora eu vou voltar
Pros meus amigos, pra farra, pro bar
O meu motivo pra mudar
acabou de acabar.

"BATOM VERMELHO" – LUCAS LUCCO

O AMOR INESPERADO

É supercomum a gente passar parte dos nossos dias sonhando acordada com um crush, nos perguntando quando vamos viver um grande amor igual ao da nossa amiga, prima ou daquela protagonista da novela. Alguém para chamar de seu, deixar recadinhos no telefone e assistir aos filmes favoritos.

Algumas vezes, corremos atrás. Vamos em todas as festas possíveis, ficamos de olho em todos os gatinhos da escola e (você pode até não fazer isso, mas tem amigas que fazem) adicionamos todos os estranhos que mandam pedidos de amizade no Facebook. E aí damos com a cara na parede, levamos um fora atrás do outro, ou só conseguimos ficar com garotos que se revelam belos trastes depois de alguns meses. Com tudo isso acontecendo, a gente acaba desistindo. Ficamos desanimadas, até mesmo tristes, achando que vamos passar o resto dos nossos dias sozinhas e que no futuro seremos a tia que fica de babá dos filhos dos outros no fim de semana.

Então, como se fosse um enviado dos anjos, *surge um garoto*. Alguém inesperado ou desconhecido. Talvez alguém que você já conhecia há algum tempo, mas que só agora viu com outros olhos. Você até fica um pouco desconfiada. Afinal, ele é bom demais para ser verdade. E mais do que isso! Ele sabe que você existe! E assim, num dia qualquer, em que você está toda descabelada, usando o moletom do seu irmão mais velho, ele aparece e nem se importa com a cara de domingo à tarde que você está. E você, como num passe de mágica, sabe: *ele é o cara!*

Pode parecer bem fantasioso para quem nunca viveu algo assim, mas a mãe de uma amiga vivia dizendo que *o amor aparece quando você menos espera.* Quando não estamos procurando em cada cantinho, em cada garoto, ele aparece.

Por que será que isso acontece?

Olha, é um daqueles mistérios da vida, que estão lá só para te provar que nunca é tarde para se surpreender com o universo. Ou talvez seja outra coisa. Eu tenho uma teoria. Quer ouvir?

Acho que não é que o amor apareça quando você menos espera. Acho, na verdade, que quando você não está esperando, fica mais preocupada consigo mesma ao invés de se preocupar com os garotos. Mais preocupada em se divertir com suas amigas, em aproveitar a família, em ser feliz... E essa energia te faz tão bem que acaba atraindo coisas boas.

Geralmente, além de um garoto especial, a vida acaba nos trazendo outras coisas boas também. Oportunidades únicas, novas amizades, novas chances de fazer algo bacana que ainda não tinha passado pela nossa cabeça. Nossa atitude positiva diante das situações da vida faz muito mais por nós do que conseguimos perceber. E o amor, como tudo mais, também é afetado por isso. Acho que essa é uma lição muito bacana para nós, garotas, pois na verdade, ter um namorado não é tudo na vida. Existem tantas coisas para se fazer, lugares para ir, pessoas para conhecer, *nós* mesmas para curtir. E no final, isso só nos traz benefícios. Então, se você está desesperada por um namorado, pare e se pergunte: pra que tanta pressa? *Você precisa mesmo de um garoto para ser feliz?*

Você vai ver que quando tudo estiver em ordem na sua cabeça e no seu coração, aquele tão desejado garoto irá aparecer na sua vida. Não como a felicidade em pessoa, mas como parte dela, junto de tudo o que você conquistou.

Este livro foi composto com tipografia Cantoria MT Std
e impresso em papel Off-White 90g/m² na Assahi.